W0175319

Gert Koshofer

Potsdam

mit Werder und Brandenburg

BASTEI-LÜBBE-TASCHENBUCH
Band 60 296

Zu den Bildern auf dem Umschlag:
Oben links: Fahrt mit Potsdams Weißer Flotte über den Schwielowsee;
oben rechts: Das Japanische Teehaus im Park von Sanssouci; unten
links: Die Roland-Figur vor dem Altstädter Rathaus in Brandenburg;
unten rechts: Schloß Sanssouci.

Originalausgabe
© 1991 by Gustav Lübbe Verlag GmbH, Bergisch Gladbach
Printed in Germany, April 1991
Einbandgestaltung: Klaus Blumenberg
Alle Fotografien von Gert und Nils Koshofer, außer der historischen
Aufnahme auf Seite 27 (von Max Baur)
Satz: ICS Communikations-Service GmbH, Bergisch Gladbach
Druck und Bindung: Ebner Ulm
ISBN 3-404-60296-X

Inhalt

Vorwort

Neben der Wartburg bei Eisenach, dem klassischen Weimar und dem barocken Dresden ist Potsdam ein wichtiges Reiseziel in den neuen deutschen Bundesländern. Begünstigt wird das auch durch seine Lage: gleich westlich neben Berlin. Wie dieses liegt Potsdam an der Havel und ist von Seen umgeben, ja eigentlich, wenn man die Kanäle im Norden der Stadt mitberücksichtigt, ist die Stadt sogar eine große Insel. Wiederum eine »Insel«, nur nicht von Wasser, sondern zum Teil von alten Bauten und neuen Hochhäusern umgeben, ist der Park von Sanssouci mit den darin liegenden Schlössern. So verbindet mancher Potsdam auch zu allererst mit dem Alten Fritz und seinem Schloß Sanssouci. Doch das ist bei weitem nicht alles!

Mit diesem Buch habe ich es mir zur Aufgabe gemacht, die Stadt Potsdam mit ihrer herrlichen Umgebung, genauer: mit dem beliebten Berliner Ausflugsziel Werder und der westlichen Nachbarstadt Brandenburg, die dem Bundesland, dessen Hauptstadt Potsdam ist, seinen Namen gab, dem Reisenden, Besucher und Hotelgast näherzubringen. Daher soll dieses Buch Ratgeber, Wegweiser, Orientierungshilfe und Informationsquelle in einem sein. Es beschreibt empfehlenswerte Rundgänge und Touren mit Straßen, Gebäuden und Orten vor dem Hintergrund ihrer Geschichte und Bedeutung. Geschichte — das bedeutet bei Potsdam die über diese Stadt hinaus zunächst nur für Preußen und dann für ganz Deutschland wichtigen Epochen vom Soldatenkönig Friedrich Wilhelm I. über Friedrich den Großen mit seinen Nachfolgern bis zu Wilhelm II., Hitler, der Potsdamer Konferenz und dem SED-Regime.

Ich habe Potsdam und seine Umgebung schon eine geraume Zeit vor der politischen Wende, nämlich seit 1985, kennen- und schätzengelernt und im Laufe mehrerer Reisen als Tourist und auf Vortragreisen (u. a. zur DEFA), zu Fuß und mit Auto, Straßenbahn sowie mit dem Schiff durchstreift. Es sind also persönliche Erfahrungen — im wahrsten Sinne dieses Wortes —, die in diesem Buch neben gründlichen Recherchen ihren Niederschlag gefunden haben. Begleitet wird der Text von Fotos, die nicht nur wichtige Gebäude, Parks und Landschaften zeigen, sondern auch dazu anregen sollen, bei einem Potsdam-Aufenthalt ausgiebig Aufnahmen zu machen — es lohnt sich ganz besonders. Für mich war Potsdam vor allem ein fotografisches Ziel gewesen, woraus sich meine Mitwirkung an dem 1986 erschienenen Bild-Text-Band (Bersick/Hübner/Koshofer: »Potsdam — Ein Stadtbegleiter«, Droste, Düsseldorf — vergriffen) und an Ausstellungen über Potsdam und das Land Brandenburg ergab.

Die neue Lage im östlichen Deutschland und insbesondere in Potsdam als Landeshauptstadt bringen einen schnellen Wandel im Straßenbild (einschließlich mancher Straßennamen), im Verkehrswesen und der Gastronomie mit sich, so daß für jede Publikation über die neuen Bundesländer der Vermerk »Änderungen vorbehalten« gelten muß. Das kann auch die Öffnungszeiten von Schlössern, Gedenkstätten und Museen betreffen.

Bergisch Gladbach, im März 1991   Gert Koshofer

Potsdam — die »preußische Residenzstadt« bei Berlin

»Potsdam, Potsdam, das brauchen wir, um glücklich zu sein. Wenn Sie diese Stadt sehen, wird sie Ihnen sicher gefallen.« Diese Worte soll Friedrich II., den man später »den Großen« und, fast schon familiär, den »Alten Fritz« nannte, im Jahr 1758 gesagt haben. Die Worte des Preußenkönigs haben heute unverändert ihre Gültigkeit. Die deutsche Einheit hat die Stadt nicht nur wieder zur Nachbarin Berlins gemacht, das sich nun — in seinen westlichen Bezirken — angeschickt hat, seinen »schönsten Vorort«, wie man früher sagte, wiederzuentdecken. Potsdam wurde auch zur Hauptstadt des Bundeslandes Brandenburg und damit Bonn, seiner Partnerstadt aus alten DDR-Zeiten, ebenbürtiger. Der glanzvollen, aber auch sehr militärischen ehemaligen preußischen Residenz vor den Toren Berlins, am selben Fluß, der Havel, gelegen, ist damit die nüchterne Aufgabe zugefallen, ein großes Land von den ungefähren Ausmaßen der früheren Mark Brandenburg zu regieren. Allerdings hat es wesentliche Gebiete östlich der Oder an Polen verloren.

Ob Preußens Gloria, das mag bei der deutschen Geschichte sehr umstritten sein, aber Preußens Glanz soll zumindest nicht vergessen werden: Die Stadt putzt sich zu ihrem 1000jährigen Jubiläum im Jahr 1993 heraus. Zehn Jahre vor diesem Termin, im Jahr 1983, hieß es noch in einem offiziellen Stadtprospekt: »Die sozialistische Bezirksstadt Potsdam mit ihren rund 132 000 Einwohnern ist ein Zentrum der

Industrie, der Bildung, der Kultur und des Tourismus« — eine Beschreibung, die man bis auf den Begriff »sozialistisch« noch heute gelten lassen kann. Auch ist festzustellen, daß die Industrie, überwiegend in Babelsberg angesiedelt, das Stadtbild nicht beherrscht, eher tun es heute die Touristen. Auch sowjetische Soldaten gibt es noch, schließlich ist Potsdam als alte Garnisonstadt mit noch vielen Kasernen wegen der naheliegenden Truppenübungsplätze und wegen der Bedeutung Berlins im Konfrontationszustand der Nachkriegszeit Sitz starker sowjetischer Verbände. Ihre Tage hier sind jedoch gezählt.

Potsdams Geschichte füllt eigene Bücher. Hier sei nur zusammenfassend angeführt: Im Jahr 993 wurde erstmals ein slawischer Burgwall namens »Poztupino« erwähnt. Erst 1660 machte Friedrich Wilhelm, der Große Kurfürst (1640—1688), das bislang unbedeutende Bürger- und Bauernstädtchen zur brandenburgischen Residenzstadt. Mit jedem seiner Nachfolger wuchs Potsdam an Größe, an Wichtigkeit und auch an Häusern, Schlössern und Gärten. Friedrich Wilhelm I. (1688—1713, ab 1701 König von Preußen) und sein Sohn, Friedrich II., der Große (1740—1786) erweiterten die Stadt und machten sie zur großen Kaserne. Friedrich der Große legte Sanssouci an. Seinem Neffen Friedrich Wilhelm II. (1786—1797) ist der Neue Garten zu verdanken, während Friedrich Wilhelm III. (1797—1840) und dessen Sohn Friedrich Wilhelm IV. (1840—1861) Sanssouci erweiterten. Letzterer ließ auch Park und Schloß Babelsberg erschaffen, was er für seinen Sohn, Wilhelm I. (1861—1888, ab 1871 Deutscher Kaiser) tat. Dem 99-Tage-Kaiser Friedrich III. folgte als letzter Regent deutscher Monarchie Wilhelm II. (1888—1918). In seiner Zeit entstand Schloß Cecilienhof für den Kronprinzen Wilhelm.

Soweit die Geschichte, deren Zeugnisse heute noch im Stadtbild, genauer: in den wundervollen Parks und Gärten, leben-

Der berühmteste Herrscher in Potsdam war Friedrich der Große. Er reitet im Park von Sanssouci hoch zu Roß als Denkmal vor der Orangerie.

dig sind. Sie machen den kulturell-touristischen Wert Potsdams aus, das aber mehr ist als ein liebenswürdiges großes Museum. Es ist auch nicht alles nur unter den preußischen Herrschern geschaffen worden. Das Dritte Reich hinterließ viele Trümmer, als Folgen eines Bombenangriffs und von Kampfhandlungen seiner Feinde. Der SED-Staat, der Potsdam wegen seiner Vergangenheit zunächst demonstrativ verachtete und wertvolle Bausubstanz vernichtete, baute dann neu auf seine Weise: breite Magistralen, Hochhäuser in Plattenbauweise — aber er veranlaßte auch Rekonstruktionen und

Potsdam — das ist zugleich Sanssouci. Hoch auf Weinbergterrassen thront das zierliche Schloß Friedrichs des Großen über dem größten Parkgelände der Stadt.

aufwendige Restaurierungsarbeiten nach Maßgabe vorhandener Mittel und gesetzter Prioritäten. Die interessanten Spuren der preußischen Residenzstadt und der »sozialistischen« Bezirkshauptstadt (1952–1990) gilt es zu entdecken.

Wege nach Potsdam gibt es viele, zu Lande, zu Wasser und in der Luft. Die Stadt liegt unmittelbar am Berliner Ring mit den Autobahnen A2 und A10. Die Schnellzug- und IC-Strecke von Hannover nach Berlin führt durch Potsdam.
Die Stadt liegt im Bereich der Berliner S-Bahn und verfügt

INTERHOTEL POTSDAM

Das größte Hotel Potsdams steht am Ufer der Havel auf dem Gelände des ehemaligen Stadtschlosses, von dem noch einige Steinfiguren erhalten sind.

nun auch wieder über die kürzere Verbindung von Berlin-Wannsee nach Potsdam-Stadt.

In Wannsee starten auch die fahrplanmäßigen Schiffe der Potsdamer *Weißen Flotte* und der Berliner *Stern- und Kreisschiffahrt*; 1990 waren es zur Hauptsaison täglich acht Fahrten mit Zwischenstop an der Glienicker Brücke, über die man zu Fuß bequem den Neuen Garten mit Schloß Cecilienhof erreichen kann.

Busse der Berliner Verkehrsgesellschaft fahren zum Potsdamer Bassinplatz ab Rathaus Spandau (Linie 38 — über Gatow

Neu-Fahrland) und ab S-Bahnhof Wannsee (Linie 99 – über Autobahn/Babelsberg). Außerdem besteht noch die Buslinie 6 vom S-Bahnhof Wannsee zur Glienicker Brücke mit Umsteigemöglichkeit in die Potsdamer Straßenbahn gleich auf der anderen Seite der Brücke.

Und mit dem *Flugzeug* ist Potsdam schließlich über Berlin-Tegel, -Schönefeld und -Tempelhof zu erreichen.

Die *Hotelkapazität* ist noch ausbaubedürftig. Die wenigen Hotels – die bekanntesten sind das Hotel »Potsdam« in zentraler Lage an der Nikolaikirche, das kleine »Hotel am Jägertor« und das Hotel »Cecilienhof«, schön, aber abseits im Neuen Garten gelegen – sind wegen des starken Interesses an Potsdam und oft auch als Ausweichquartiere von Berlin häufig ausgebucht. Neu hinzugekommen sind zwei Herbergen aus SED-Besitz (heute PDS?): das einfache »Touristen- und Congreßhotel« in der Waldstadt II, Otto-Grotewohl-Straße 60 (die ehemalige Bezirksparteischule der SED), und das noble »Bayerische Haus«, Im Wildpark 1, zwischen Hauptbahnhof und Geltow. Doch sind neue Hotels in Planung.

Ein Stadtbummel durch Potsdam

Es zeugt keinesfalls von mangelnder Bildung oder fehlendem Kunstverständnis, wenn man nach der Ankunft in Potsdam — bei genügend zur Verfügung stehender Zeit, also einem mehrtägigen Aufenthalt — sich erst einmal eingehend (im wahrsten Sinne des Wortes) mit der Stadt selbst befaßt, die eine Fülle friderizianischer Eindrücke bietet und in einem Karree mit den Ausmaßen von rund 1 x 1 km ziemlich übersichtlich angelegt ist. Der im Folgenden vorgeschlagene Stadtbummel scheint nach seiner Beschreibung länger, als er in Wirklichkeit ist, nämlich insgesamt knapp 4 km. Natürlich kann man ihn mit Hilfe eines Stadtplans jederzeit abkürzen, abwandeln oder auch in mehrere Etappen aufteilen.

Wie in den meisten Städten gibt es auch in Potsdam einen idealen Ausgangs- und Endpunkt für Rundgänge. Hier ist es der *Alte Markt* an der Nikolaikirche. Er liegt nicht nur in der Nähe des Stadtbahnhofs (Anreise aus Berlin), der Schiffsanlegestelle und des größten Hotels »Potsdam«, sondern auch im Herzen der Potsdamer Altstadt — oder zumindest des Gebiets, auf dem sie sich einmal befand. Viel haben Kriegs- und Nachkriegszeit nämlich nicht von ihr übriggelassen. Zwar sind die Nikolaikirche, das Alte Rathaus und das Knobelsdorff-Haus am Alten Markt wiederaufgebaut worden, doch klafft mitten auf dem Platz eine Lücke: Hier stand das große Stadtschloß der Hohenzollern. In seinen Ursprüngen war es, vom Großen Kurfürsten erbaut, 290 Jahre alt, als es 1959/60

15

abgetragen wurde. Da war das dreiflügelige Bauwerk zwar nur noch eine Ruine, doch hätte man sie retten können. Die SED wollte jedoch — ebenso wie beim Berliner Stadtschloß — ein solch massives Andenken an den »bösen Geist von Potsdam« nicht länger dulden. Im Gespräch ist nun eine Rekonstruktion in der architektonischen Gestalt, die der Baumeister Knobelsdorff dem Schloß 1744—1752 gegeben hatte, aber als Hotel. Erhalten geblieben sind neben einigen versteckten und verstreuten Skulpturen noch die »Ringerkolonnade«, die ursprünglich das Schloß und den Marstall miteinander verband und später an der Schiffsanlegestelle wiedererrichtet wurde, und der Marstall selbst.

Ähnlich wie Dresden war auch die Potsdamer Innenstadt noch in der Nacht vom 14. auf den 15. April 1945 einem militärisch sinnlosen britischen Bombenangriff, der fast die Hälfte der historischen Bausubstanz zerstörte, zum Opfer gefallen. Man hatte angenommen, das deutsche Oberkommando befände sich dort. Weitere Schäden richteten die Kämpfe mit der auf Berlin heranrückenden Roten Armee an, nur die Anlagen von Sanssouci blieben nahezu unberührt (s. Seite 68). So erklärt sich manche Lücke, aber auch ihre Schließung durch häßliche Nachkriegsbauten aus einer Zeit, als der Wohnungsbau absoluten Vorrang vor der Rekonstruktion historischer Baudenkmäler haben mußte.

Die Zerstörung traf, was den Alten Markt betrifft, eines der schönsten geschlossenen Stadtbilder des 18. Jahrhunderts. Doch drohte dem nun zur Havel hin freien Platz in jüngster Zeit eine neue Gefahr, die den Blick auf den Säuleneingang der Nikolaikirche verdeckt hätte: der *Neubau des Stadttheaters* auf der Grundfläche des ehemaligen Schlosses.

Am 2. Februar 1989 war der Grundstein zu dem Prestigebau der SED-Stadt- und Bezirksverwaltung gelegt worden. Der SED-Bezirkschef wollte von seinem erhöhten Sitz auf dem Brauhausberg, im wiederaufgebauten Gebäude der ehemaligen Kriegsschule und des späteren Heeresarchivs, das die Potsdamer »Kreml« nennen, den Neubau unter sich im Blickfeld haben und vom Theater aus künftig die Maidemonstration an sich vorüberziehen lassen. Doch die Zeiten haben sich bekanntlich schneller als gedacht geändert, und nun soll wegen der Proteste der Bevölkerung der millionenteuere Rohbau wieder abgerissen werden; im Gespräch ist ein neuer Standort gegenüber, am anderen Havelufer, auf dem Gelände des ehemaligen Güterbahnhofs. Nur, ob das Theater dann noch bis zur 1000-Jahr-Feier Potsdams im Jahre 1993 fertig wird, ist ungewiß. Dabei ist es den Künstlern des Hans-Otto-Theaters, die seit 1949 in einem umgebauten Gaststättensaal in der Zimmerstraße sehr erfolgreich mit Uraufführungen »off Berlin« wirkten und hier manches Experiment wagen konnten, zu gönnen, wenn sie endlich eine angemessene Spielstätte erhielten.

Zurück zu den historischen Bauten am *Alten Markt:* Das weithin sichtbare Wahrzeichen der Residenzstadt ist die mächtige Kuppel der *Nikolaikirche,* die bei der Anfahrt über die Havelbrücken und beim Ausblick von den Hügeln am Park von Sanssouci gleich ins Auge springt. Dabei wurde sie erst nachträglich 1843—1849 von den Schinkel-Schülern Persius, Stüler und Prüfer auf das 1837 von Friedrich Schinkel vollendete würfelförmige Gotteshaus aufgesetzt. Damit gleicht dieses wichtige Baudenkmal des Klassizismus seinem Vorbild, der St. Pauls Cathedral in London. An dieser Idee war auch König Friedrich Wilhelm IV., zu dessen Amtszeit (1840—1861) einige wichtige Bauten, wie zum Beispiel das Schloß Babelsberg, entstanden, noch als Kronprinz beteiligt gewesen. Die Rekonstruktion der Kirche einschließlich neuer Kuppel hatte nach ihrer schweren Beschädigung im Jahr 1945 den langen Zeitraum von 1955 bis 1981 in Anspruch genommen. Sie ist heute eine der großen Sehenswürdigkeiten in Potsdam

Ein Wahrzeichen der Stadt ist die nach dem Vorbild des römischen Petersdoms von Schinkel und seinen Schülern geschaffene Nikolaikirche am Alten Markt, die nach dem letzten Krieg wiederaufgebaut worden ist.

neben dem Schloß Sanssouci — Altbundeskanzler Helmut Schmidt spielte in ihr schon Orgel, und Bundespräsident Richard von Weizsäcker nahm kurz nach der Wende, Ende 1989, an einem Adventssingen im »Potsdamer Dom« teil.
Am östlichen Kopf des Alten Markts beeindruckt das *Alte Rathaus* im italienischen Palazzostil. Tatsächlich war es 1755 nach einem nicht verwirklichten Entwurf für einen Palast im oberitalienischen Vicenza fertiggestellt worden. Der vergoldete Atlas wiederum, der auf der Kuppel die Weltkugel trägt, hat sein Vorbild im Atlas des Amsterdamer Rathauses. Die

19

Blick vom Eingangsportal der Nikolaikirche auf das Alte Rathaus von Knobels-
dorff, dessen Kuppel ein die Weltkugel tragender Atlas schmückt.

Dachbrüstung ist mit Figuren geschmückt, die kaufmännische Tugenden darstellen. Zusammen mit dem rechts daneben liegenden *Knobelsdorff-Haus*, mit dem es durch einen neuzeitlichen Gang verbunden ist, dient das Alte Rathaus seit 1966 als *Kulturhaus* »Hans Marchwitza« (benannt nach einem Arbeiterschriftsteller) mit Restaurant, Weinkeller und Kleinem Theater. Georg Wenzeslaus von Knobelsdorff hatte das Haus im Jahre 1750 kurz vor seinem Tode errichtet, nach 1945 mußte es ebenfalls — originalgetreu — wiederaufgebaut werden. Der *Obelisk* mitten auf dem Platz wurde ebenfalls von Knobelsdorff entworfen und unterstrich zusammen mit der Rathausfassade und anderen früher um den Markt herum stehenden Gebäuden dessen römisch anmutenden Charakter. Das ursprüngliche Monument von 1755 mußte 1969 wegen Einsturzgefahr abgerissen und neu errichtet werden. Dabei wurden auch die Bildnisse an den vier Säulenseiten ausgetauscht: Nun sind es nicht mehr Kurfürsten und Könige, sondern die berühmtesten Potsdamer Architekten.

Kaum nennenswert in seiner sachlichen Gestalt der späten siebziger Jahre ist der Neubau des *Instituts für Lehrerbildung* links neben der Nikolaikirche, lediglich der Hinweis, daß sich an der linken Straßenecke in seinem Erdgeschoß die für Potsdam-Besucher wichtige *Potsdam-Information* befindet.

Dort, wo heute der Straßenverkehr mehrspurig auf die *Lange Brücke* zufließt, stand früher das Schloß, und Autos und Straßenbahnen fuhren an seiner Ostseite, am Alten Rathaus vorbei, um es herum. Die tatsächlich lange, da über zwei Havelarme und eine Insel hinweggehende, Brücke befindet sich dagegen am Platz ihrer 1888 fertiggestellten Vorgängerin und ist hier bereits der sechste Havelübergang.

Die Insel, von der man immer noch einen schönen Blick auf den Alten Markt hat, heißt nicht etwa im Hinblick auf die Sowjetunion »*Insel der Freundschaft*«, sondern sie hat diesen Namen schon lange wegen einer ehemals am selben Ufer stehenden Gaststätte. Mit ihren Lehrgärten hat die Insel stellenweise den Charakter eines botanischen Gartens.

Einkehren kann man im Inselcafé oder in der zum Hotel Potsdam gehörigen »Grusinischen Teestube«. An das alte Potsdam erinnern die fünf Laternenträgergruppen an der Caféterrasse, die früher die Breite Brücke vor der Garnisonkirche geschmückt hatten (s. Seite 29).

Die beiden Havelarme, in denen die Insel liegt, sind die *Alte und die Neue Fahrt*, so benannt nach ihrem Alter als Schifffahrtsweg, der nun nach der Grenzöffnung wieder in Betrieb ist. An der Alten Fahrt befanden sich früher Hotelterrassen und die Rückseiten der völlig zerstörten alten Handwerker- und Wohnhäuser an der ebenfalls, bis auf ein letztes Teilstück gegenüber dem Ostende der Insel, verschwundenen Burgstraße. Dort steht noch ein restauriertes schönes *Predigerhaus*, einzige Erinnerung an die diesen Teil der Altstadt bis nach 1945 noch bestimmenden und 1974 als Ruine restlos abgetragenen Heiligengeistkirche.

Doch wenden wir uns der entgegengesetzten Richtung und damit dem eigentlichen Rundgang zu: Auf der anderen Seite der Brückenzufahrt erhebt sich im ehemaligen Lustgarten des Stadtschlosses das nüchterne Hochhaus des Ende der sechziger Jahre erbauten Hotels »Potsdam«. Von den oberen seiner 16 Etagen, insbesondere vom Café »Bellevue« an der Spitze, das abends als Tanzbar dient, hat man einen schönen Überblick über den Alten Markt und die Havel. Doch gleich unterhalb des Hauses finden nicht mehr die großen Paraden der königlich-kaiserlichen Truppen, sondern allenfalls Sportwettkämpfe im »Ernst-Thälmann-Stadion« statt. In den letzten Jahren sind die Hotelrestaurants, darunter der gemütliche »Havellandgrill«, restauriert worden und strahlen nicht mehr den spröden Interhotel-Charme aus. Der ehemalige schöne Neptunteich des Lustgartens ist heute Hotelparkplatz, dane-

Die Fassade des Predigerhauses der ehemaligen Heiligengeistkirche gehört zu den hervorragenden Rekonstruktionsleistungen Potsdams in der DDR-Zeit.

23

Die Ringkämpfer aus Stein gaben der an der Potsdamer Schiffsanlegestelle wiederaufgestellten Kolonnade des ehemaligen Stadtschlosses ihren Namen. Im Hintergrund rechts ist die Nikolaikirche zu sehen.

ben steht aber wieder die *Ringerkolonnade* von Knobelsdorff (1746), so benannt, weil die Skulpturen ringende Männer darstellen. Auch einige zwischen Hotel und Schiffsanlegestelle aufgestellte Putten und Bauteile erinnern noch an das Stadtschloß. Um den Verlust des alten Lustgartens ist es kaum schade, denn er war schon zu Zeiten von Soldatenkönig Friedrich Wilhelm I. größtenteils in einen schmucklosen Exerzierplatz umgewandelt worden, dessen einziger Schmuck die Uniformen der mittäglichen Potsdamer Wachparade gewesen waren.

Gut gelungen ist den hierbei herangezogenen polnischen Restaurateuren der Wiederaufbau des *Marstalls* in der Wilhelm-Külz-Straße (vormals Breite Straße) gegenüber von der Hotelauffahrt. Diese ursprüngliche Orangerie von 1685 diente dann dem Soldatenkönig als Pferdestall, wurde unter Friedrich dem Großen 1746 von Knobelsdorff nach Westen hin verlängert und nach dem Ersten Weltkrieg als Potsdamer Garnisonmuseum mit überlebensgroßen Soldatenfiguren und Schlachtengemälden eingerichtet. Auch heute befinden sich im Gebäudeinneren wieder Requisiten und Kulissen, darunter die überlebensgroße Gestalt der von Paul Wegener für den Film »Der Golem, wie er in die Welt kam« (1920) dargestellten Titelfigur. Das Marstallgebäude dient nämlich seit 1981 als *Filmmuseum der DDR*, das im Erdgeschoß der deutschen Filmgeschichte seit 1895 und im Obergeschoß der Filmtechnik gewidmet ist. Auch hier wirkte sich die Wende aus, indem die Abteilungen wie »Der proletarische Film« aus der Vorkriegszeit oder »Arbeiterführer im Film« aus der Nachkriegszeit umgestaltet worden sind. Jedenfalls erinnert das Museum an Potsdam — genauer: an das erste 1939 eingemeindete Babelsberg (s. Seite 113) — als Filmstadt mit seiner UFA- und noch längerer DEFA-Tradition. Im eigenen Museumskino werden historische und andere wertvolle Filme vorgeführt. Filmfreunde auf Berlinbesuch kommen, so lange das Berliner Filmmuseum am Potsdamer Platz noch nicht eingerichtet ist, im Potsdamer Marstall mit seiner reichhaltigen Sammlung auf ihre Kosten.

Wir gehen weiter auf der Wilhelm-Külz-Straße in Richtung Westen. Sie würde in ihrer heutigen Erscheinung, ohne den alten Baumbestand dieser einst prächtigen Allee, erst recht den Namen »Breite Straße« verdienen. Nach dem Ende der DDR ist sie ihrer Funktion ledig geworden, der »Lustgarten der SED«, nämlich das Aufmarschgebiet für Mai- und andere

Demonstrationen, zu sein. Wenig erinnert hier noch an das alte Potsdam, doch das, was erhalten geblieben ist, wurde sorgsam restauriert und gepflegt: Das Bürgerhaus mit dem *Club der Künstler und Architekten* (linke Straßenseite), das dahinter an der Henning-von-Tresckow-Straße (Nr. 13) stehende, von Knobelsdorff erbaute frühere Regierungs- und heutige *Polizeigebäude* und auch die etwas zurückgesetzt liegende Fassade des ehemaligen *Langen Stalls* auf der rechten Seite der Wilhelm-Külz-Straße. Man kann von vorn nicht erkennen, was sich hinter dem prächtigen Stall-Portal des Baumeisters Unger bis 1945 befunden hatte: eine sich durch den ganzen dahinterliegenden Block erstreckende eingeschossige Fachwerkkonstruktion des riesigen Exerziergebäudes für die Gardetruppe des Soldatenkönigs. Kaiser Wilhelm II. ließ hier in jedem November die Vereidigung der Rekruten stattfinden, und die damals neuen Machthaber des Dritten Reichs wollten hier am 21. März 1933 ursprünglich die erste Reichstagssitzung im neuen nationalsozialistischen Staat abhalten, taten das dann aber doch in Berlin.

Die feierliche Eröffnung des Reichstags fand damals aber in der benachbarten *Garnisonkirche* statt, deren Standort man sich gleich neben der Fassade des Stalls auf dem sich anschließenden Grundstück des Rechenzentrums vorstellen muß. Ihr Eingang lag dort, wo sich das dem »modernen« sozialistischen Geschmack entsprechende monumentale Mosaikband mit dem Titel »Der Mensch bezwingt den Kosmos« um das Parterre des ansonsten schmucklosen Rechenzentrums legt. Es wird verschwinden, wenn die Garnisonkirche — und das ist Wille der neuen Potsdamer Stadtverordnetenversammlung im Zuge des »Bedürfnisses, die alte Schönheit der Stadt wiederherzustellen« — wiederaufgebaut werden wird.

Damit würde das neben der Nikolaikirche das Stadtbild wesentlich bestimmende Bauwerk mit seinem nach holländischen Vorbildern gestalteten 90 m hohen Turm wiederentste-

Die gesprengte Garnisonkirche soll wiederaufgebaut werden. Hier eine histori-sche Aufnahme des berühmten Potsdam-Fotografen Max Baur.

hen, dessen Sprengung als Relikt des preußischen Militarismus im Jahr 1968 von den sozialistischen Stadtvätern durchgesetzt worden war und von den heutigen als »Akt der Barbarei« verurteilt wird. Als Begründung für die Beseitigung der Ruine hatte man auch auf den »Tag von Potsdam« zurückgegriffen, jenes Schauspiel am bereits genannten Tag des Jahres 1933, als der gerade gewählte Reichskanzler Adolf Hitler sich seine Machtübernahme vom greisen Reichspräsidenten und Generalfeldmarschall Paul von Hindenburg über der Gruft Friedrichs des Großen effektvoll absegnen ließ. Anschließend fand auf der Breiten Straße eine große Parade aller militärischen Verbände und der Kriegervereine statt. Die Bombennacht im April 1945 hatte die schlichte Hof- und Garnisonkirche Zum Heiligen Kreuz – so ihr voller Name – zwar schwer angeschlagen, aber nicht zerstört. Nur das berühmte Glockenspiel »Üb' immer treu und Redlichkeit« zur Papageno-Melodie aus Mozarts Oper »Die Zauberflöte«, das halbstündlich im Wechsel mit dem zu vollen Stunden gespielten Choral »Lobe den Herren, den mächtigen König der Ehren« erklang, wurde völlig vernichtet. Seine 40 Glocken sind nun aber bereits durch Initiative eines »Freundeskreises Garnisonkirche« wieder hergestellt worden. Damit ist ein Anfang gemacht, und eines Tages wird die ursprünglich 1731–1735 im Stil des preußischen Barocks von Philipp Gerlach erbaute Kirche wieder an ihrer alten Stelle stehen. Dann wird auch das kleine *Portalgitter* der Kirche, das gegenüber der Einmündung der Otto-Nuschke-Straße rechts neben dem alten *Predigerwitwenhaus* etwas verborgen an der Wilhelm-Külz-Straße angebracht wurde, wieder an seinen angestammten Platz zurückkehren. Die sterblichen Reste des Alten Fritz, die neben denen seines Vaters Friedrich Wilhelm I. bis 1944 in der Gruft der Garnisonkirche geruht haben, um dann nach Marburg in Sicherheit gebracht zu werden, werden es jedoch nicht wieder (s. Seite 61).

Schon vor den Nationalsozialisten hatte die Gruft Weltpolitik erlebt: Friedrich Wilhelm III. schloß vor dem Sarg seines Großonkels in Gegenwart von Königin Luise mit dem russischen Zaren Alexander am 5. November 1805 ein erst spät erfülltes Bündnis gegen Napoleon. Doch ein Jahr später besetzte der französische Kaiser Potsdam und ließ es sich nicht nehmen, am 25. Oktober 1806 zur Gruft des frankophilen Friedrich des Großen hinunterzusteigen.

Wenn einst die Kirche wiedererrichtet sein wird, darf eigentlich auch der *Stadtkanal* nicht fehlen, der mit der Schönheit einer holländischen Gracht den älteren Teil Potsdams im Westen und Norden umschlossen hatte. In einer »Archäologie« von Potsdams Stadtgeschichte kann man seinen 1,5 km langen Verlauf im Zuge der Dortustraße (früher Waisenstraße), Yorckstraße und Heinrich-Rau-Allee (früher beide »Am Kanal«) verfolgen: Unter den Grün- und Parkstreifen in der Straßenmitte müssen die Reste des 300jährigen Kanals zu finden sein, der seit dem 17. Jahrhundert zur Entwässerung des sumpfigen Gebiets vor der Stadt gedient hatte und später mit einer hölzernen und dann steinernen Einfassung versehen worden war. An seinen beiden Seiten waren repräsentative Bürgerhäuser und Verwaltungsbauten entstanden, die zum Teil bis heute erhalten geblieben sind, darunter die Häuser Yorckstraße 19/20 (s. Seite 50) sowie in der Heinrich-Rau-Allee das alte *Kommandeurhaus der Garde du Corps* (Nr. 3) und das *Bürgerhaus* Nr. 4a mit dem repräsentativen Eingang.

Schöne Brücken überquerten den Kanal, darunter die mit den Laternenträgern (s. Seite 22) geschmückte Breite Brücke an der Garnisonkirche. Neben vielen architektonischen Schönheiten des alten Potsdam hat der bekannte Potsdamer Fotograf Max Baur in seinen vor der Zerstörung entstandenen Schwarzweißaufnahmen auch meisterhaft Stimmungen am Kanal eingefangen.

Das Ende des Kanals wurde durch sein altes »Leiden« herbeigeführt: Das trotz seiner Verbindung mit der Havel stehende Gewässer konnte sich nicht selber reinigen und verkam durch den Zufluß der Hausabwässer immer mehr. Schon in den zwanziger Jahren soll überlegt worden sein, den Kanal aus hygienischen Gründen zuzuschütten. Als die Stadtväter in den sechziger Jahren die »sozialistische Großstadt« mit breiten Verkehrsflächen planten, war der Kanal hinderlich, und seine Umweltbelastung mit Schlamm und Gestank war ein triftiger Grund, ihn in den Jahren 1965—1975 zuzuschütten. Lediglich am Ende der Heinrich-Rau-Allee, an der Großen Fischerstraße, kann man seine Form noch erkennen. Wenn es sich finanzieren läßt, würden die Potsdamer gerne ihren Kanal wieder »ausgraben«, so sehr fehlt er im altvertrauten Stadtpanorama.

Wir überqueren den zugeschütteten Kanal an der Dortustraße, wo die Wilhelm-Külz-Straße von restaurierten historischen Gebäuden eingerahmt ist. Rechts ist es der Komplex des ehemaligen *Großen Militärwaisenhauses*, der fast das ganze Viertel bis zur Spornstraße und Otto-Nuschke-Straße einnimmt. Links stehen die prächtigen *Hiller-Brandtschen-Häuser*, von denen die Dachbrüstungen der größeren Häuser mit Figuren geschmückt sind. Das Militärwaisenhaus diente neben dem mit seinem Namen umrissenen Zweck, Kriegswaisen aufzunehmen, auch als Heim für uneheliche Soldatenkinder, deren Zeugung Friedrich der Große durch Duldung von Verhältnissen seiner in Privathäusern einquartierten Soldaten mit den Bürgerstöchtern sogar förderte. Die Waisen mußten in Potsdamer Betrieben nicht nur bis zur Ausbeutung arbeiten, die Knaben dienten darüber hinaus dem Soldatenkönig als dringend benötigter Rekrutennachwuchs.
Die ursprüngliche Anlage von 1722 hatte noch aus Fachwerkbauten bestanden. 1771—1776 ist sie in ihrer heute sichtbaren

Der Komplex des ehemaligen Großen Militärwaisenhauses erstreckt sich bis an die Wilhelm-Külz-Straße (Breite Straße). Im Hintergrund links das Potsdam-Museum im früheren Ständehaus.

Gestalt mit der Hauptfront an der Dortustraße ausgebaut worden. Lediglich die früher weithin sichtbare, von Säulen getragene tempelartige Kuppel an der Otto-Nuschke-Straße fiel dem letzten Krieg zum Opfer. So findet man heute nur noch einen runden Abschluß auf dem aus dem Dach über der Eingangsfassade herausragenden Turmsockel.

1933 wurde auf dem Gelände eine »Napola« (Nationalpolitische Erziehungsanstalt) eingerichtet. 1952 wurde der Waisenhausbetrieb endgültig eingestellt, und inzwischen sind Gewerkschaftsbüros, das Institut für Lehrerbildung und

Behörden im ehemaligen Militärwaisenhaus untergebracht.

Die *Hiller-Brandtschen Häuser* an der südöstlichen Ecke der Wilhelm-Külz-/Dortustraße wurden auf Wunsch Friedrichs des Großen von Georg Christian Unger errichtet. Im 18. Jahrhundert gehörten sie — daher ihr Name — dem Kaufmann Hiller und dem Schneider Brandt. Zwischen den beiden Wohnhäusern gab es ein niedrigeres für die damals obligatorische Einquartierung von Soldaten. Ähnlich den Gebäuden am Alten Markt stellen auch sie eine Nachempfindung bekannter europäischer Gebäude dar, die Friedrich der Große aus Repräsentationsgründen sehr zu schätzen wußte — auch wenn sie nur die glänzende Fassade sich dahinter verbergender einfacher Miet- und Soldatenwohnungen waren. Hier handelte es sich um das Vorbild des Londoner Schlosses Whitehall.

Die Hiller-Brandtschen Häuser enthalten eine zweiteilige *Dauerausstellung zur Stadtgeschichte* (vor und nach 1900 — noch im Jahre 1990 im Sinne der sozialistischen Geschichtsschreibung dargestellt). Damit sind sie ein Teil des *Potsdam-Museums* in dem schräg gegenüber an der Ecke Otto-Nuschke-Straße liegenden vorbildlich restaurierten ehemaligen *Ständehaus* geworden. Dieses gehörte übrigens auch zum Militärwaisenhaus. Das Museum ist dienstags bis sonntags von 10 bis 17 Uhr geöffnet. An die Hiller-Brandtschen Häuser schließt sich südlich eine geschlossene restaurierte Häuserfront der auf die Havel zulaufenden Dortustraße und westlich das Predigerwitwenhaus von 1674 an, das 1827 umgebaut wurde.

Unser Blick gilt nun beim weiteren Wandern in westlicher Richtung der rechten Seite der Wilhelm-Külz-Straße, weil hier im Jahr 1980 vor modernen Wohnhäusern einer der beiden *Obelisken* des im Krieg zerstörten *Neustädter Tors* wieder aufgestellt wurde. Früher trugen die Obelisken, zwischen denen die hier endende Breite Straße die Stadt verließ, noch Adler auf ihren Spitzen. Die jetzige Wilhelm-Külz-Straße wurde 1972/73 über diesen Punkt hinaus bis zur Leninallee (Alte Luisenstraße) verlängert, wozu ein Zipfel der hier ursprünglich weiter nach Norden ragenden Neustädter Havelbucht zugeschüttet werden mußte.

Doch bevor wir uns diese am Wasser liegende Gegend anschauen, biegen wir am Obelisken nach links in die Kiezstraße ein, um einen sorgfältig restaurierten Straßenzug mit einer Allee auf dem Mittelstreifen zu erleben. *Der Kiez*, wie das Viertel kurz genannt wird, ging aus einer wendischen Fischersiedlung hervor, doch wurden Ende des 18. Jahrhun-

In der als geschlossenes Straßenbild vorbildlich rekonstruierten Kiezstraße unweit der Neustädter Havelbucht findet man einige schöne Rokokohäuser.

derts die heute zu sehenden Rokokohäuser errichtet. Sie kontrastieren mit den am Ufer der Neustädter Havelbucht aufragenden siebzehnstöckigen Wohnhochhäusern. In der Kiezstraße 4 ist wieder die 1940 geschlossene urige Kneipe »Froschkasten« eingerichtet worden (dienstags bis samstags von 16 bis 23 Uhr geöffnet).

Wir laufen nun vom Anfang der Kiezstraße aus vor zum Ufer der Neustädter Havelbucht, in der Motor- und Segelboote vor Anker liegen; es ist der Jachthafen Potsdams, der durch den Eisenbahndamm mit zwei Brücken von der Havel getrennt ist. An diesem Potsdamer Binnensee fallen zwei Bauwerke auf: die muschelförmige Terrassengaststätte »Seerose« aus jüngerer Zeit – und eine maurische Moschee. Letzterer sieht man es nicht an, daß es sich um das Gebäude für die Dampfmaschine handelt, die das Havelwasser zu den Fontänen des Parks von Sanssouci hochzupumpen hat. Der Schornstein ist ganz geschickt als Minarett verkleidet. Was Friedrich dem Großen noch versagt gewesen war, nämlich die Fontänen länger als eine halbe Stunde zum Sprühen zu bringen, gelang erst knapp 100 Jahre später unter der Regentschaft von Friedrich Wilhelm IV. und mit Hilfe der Berliner Firma Borsig. Deren noch bis 1936 in Betrieb befindliche Dampfmaschine konnte nämlich die notwendige Energie entwickeln, um durch die schon vorher bestehende Rohrleitung das Wasserbecken auf dem Ruinenberg oberhalb des Schlosses Sanssouci (s. Seite 68) zu füllen. Von dort aus schoß es dann in die Fontänen hinab. Die Aufgabe der Dampfmaschine übernahm dann ein Elektromotor. Das unter Mitwirkung von Ludwig Persius 1842 fertiggestellte »Moschee«-Pumpwerk wurde 1980 als Technisches Museum (halbstündliche Führungen Mitte Mai bis Mitte Oktober, mittwochs bis sonntags von 9 bis 17 Uhr; in der übrigen Jahreszeit nur an Wochenenden) wieder instandgesetzt. Das kleine Bauwerk kontrastiert heute ganz besonders zu den modernen Wohnblöcken.

Wir kehren wieder ein Stück auf der Wilhelm-Külz-Straße zurück, um an der Ecke mit dem Potsdam-Museum links in die Otto-Nuschke-Straße (Lindenstraße) einzubiegen. Sie ist in voller Länge noch weitgehend mit ihrer alten Bausubstanz erhalten geblieben und führt uns zunächst am bereits erwähnten ehemaligen Kuppelgebäude des Militärwaisenhauses und dann an der *Alten Wache* vorbei. Dieses Bauwerk an der Ecke Wilhelm-Pieck-Straße (Charlottenstraße) ist das letzte noch erhaltene Tor der bis 1735 hier endenden Stadtmauer. Sie umschloß das Gebiet der 1721–1735 von Friedrich Wilhelm I. durchgeführten ersten Stadterweiterung, deren nordwestliche Grenze im Zuge der Otto-Nuschke- und der Wilhelm-Pieck-Straße lag. Heute beherbergt die Alte Wache die Filiale einer Großbank. Die Wilhelm-Pieck-Straße, durch die drei Straßenbahnlinien fahren, besitzt viele zwei- und dreigeschossige barocke und frühklassizistische Bürgerhäuser.

Die Otto-Nuschke-Straße, auf der wir weitergehen, stößt nun bald auf den »Broadway«, wie die Potsdamer ihre beliebte und tatsächlich hübsche Einkaufsmeile, die *Brandenburger Straße*, nennen. Besuchern zu DDR-Zeiten ist dieser 1978 fertiggestellte Fußgängerbereich noch als »Klement-Gottwald-Straße« bekannt, doch trennten sich die Potsdamer bald nach der Wende von dem Namen des stalinistischen tschechischen Kommunistenführers. Nach links auf das am Ende als Triumphbogen sichtbare Brandenburger Tor — auch Potsdam hat eines, aber völlig anders als das Berliner! — zulaufend, befinden wir uns am schönsten Teilabschnitt der Einkaufsstraße. Um ihre Achse herum hatte Friedrich Wilhelm I. 1733–1738 die zweite Stadterweiterung mit gerade gezogenen Straßen vorgenommen. Sie reichte im Norden bis zur heutigen Hegelallee. Die niedrigen gelbangestrichenen Häuser auf der Brandenburger Straße tragen die typische Giebelstube, in die der Soldatenkönig seine Rekruten einquartieren ließ. Jedes Haus mußte je nach seiner Größe vier bis sechs

Der Potsdamer »Broadway«, die Brandenburger Straße, ist die beliebte Einkaufs-
und Fußgängerzone der Bewohner. In den Mansarden der Häuser waren im
18. Jahrhundert Soldaten einquartiert.

Mann aufnehmen — ganz Potsdam als Kaserne! Immerhin soll der König im großen Stadtschloß auch selbst sechs (!) Soldaten beherbergt haben.

Am *Brandenburger Tor* treten die Häuser auf beiden Seiten zurück, um sich für einen hübschen Platz mit moderner Standuhr, Cafés und einer Fischgaststätte zu öffnen. Das Tor wurde 1770 nach eigenen Entwürfen Friedrichs des Großen gleichzeitig von zwei Architekten als Stadtausgang in Richtung Brandenburg und Sanssouci errichtet: Gontard schuf die Stadtseite und Unger die Feldseite. Es läßt sich darüber

Vor dem Brandenburger Tor erweitert sich die Brandenburger Straße zu einem Platz mit Restaurants, den eine kunstvolle Uhr (im Vordergrund) schmückt.

streiten, welche besser gelungen ist. Mit seiner Form als römischer Triumphbogen sollte das barocke Tor jedenfalls zur Erinnerung an den Sieg Preußens im Siebenjährigen Krieg dienen.

Der *Platz der Nationen (Luisenplatz)*, auf den man durch das Brandenburger Tor und über die verkehrsreiche Schopenhauerstraße hinaustritt, ist nach der Reisefreiheit in Deutschland zum zentralen Potsdamer Parkplatz geworden. Nun soll hier auch noch bis zum Stadtjubiläum 1993 ein neues Hotel gebaut werden. Vielleicht entstehen dann auf dem Platz auch wieder Grünanlagen. Das Backsteingebäude zur Linken (an der südlichen Platzseite) war die Kaserne der kaiserlichen Leibgendarmerie gewesen und beherbergt heute eine Sparkasse. In Richtung Südwesten schließt sich die Brandenburger Vorstadt an; an der nordwestlichen Platzecke beginnt die Allee nach Sanssouci.

Wir kehren ein Stück über die Brandenburger Straße bis zur ersten Querstraße, der Hermann-Elflein-Straße, zurück und biegen dann nach rechts in die Gutenbergstraße (früher Junkerstraße) ein. Hier befinden sich typische Häuser aus der Zeit der zweiten Stadterweiterung, vor allem auf der nördlichen Seite. An der Otto-Nuschke-Straße sollte man einen Blick nach rechts um die Ecke und dann zur linken Straßenseite werfen: Bis zur Wende war dort der Bürgersteig abgesperrt und von Fernsehkameras überwacht, denn hier (im Haus Nr. 54/55) befand sich das Untersuchungsgefängnis der Staatssicherheit, jener berüchtigten Stasi also, die mitten in Potsdam Menschen verhörte, einsperrte und drangsalierte. Davon legen noch Zellen und Käfige im Innenhof, die auf Führungen besichtigt werden können, ein Zeugnis ab, auch wenn in das Haus selbst inzwischen die neuen politischen Gruppen eingezogen sind.

Es war ursprünglich das *Kommandantenhaus* (1737) gewe-

In ihrer unkonventionellen Erscheinung ist die »Familie«, eine moderne Plastikgruppe an der Brandenburger Straße/Ecke Jägerstraße, umstritten.

39

sen, der erste unverputzte Backsteinbau in Potsdam. Bis zum Ersten Weltkrieg hatte darin der Kommandeur des königlich-kaiserlichen Leibregiments gewohnt. Dann wurde es Amtsgericht und im Dritten Reich Erbgesundheitsgericht.

Kehren wir zurück zur vielleicht besseren Vergangenheit: Am nördlichen Ende der Otto-Nuschke-Straße steht das einzige noch von der Befestigungsanlage aus der zweiten Stadterweiterung erhaltene Stadttor, das *Jägertor*. Entsprechend seinem Namen stellen die Skulpturen auf dem kleinen Tor das Motiv »Hunde stellen einen Hirsch« dar, dessen Bildhauer unbekannt ist. Wenn wir nun die Hegelallee nach rechts begehen, stehen wir bald am größeren *Nauener Tor*. Es ist relativ neu und hatte 1867 das ursprüngliche Tor ersetzt, nachdem die beiden Tortürme und die Seitentrakte schon 1755 erbaut worden waren. Das leuchtend gelb gestrichene Tor gilt als erstes europäisches Bauwerk im englischen Stil der Neugotik. Die Straßenbahn fährt noch immer unter dem Torbogen durch. Es lohnt sich, auch hinter das Tor zu schauen, das heißt, die Friedrich-Ebert-Straße (die in diesem Teil früher Spandauer Straße hieß) in nördlicher Richtung entlangzugehen.
Auf der linken Seite liegen hintereinander: ein Hofgärtnerhaus im Stil einer italienischen Villa des vorigen Jahrhunderts mit vielen Statuen und Büsten in ihrem Vorgarten, dahinter das Hochhaus der ehemaligen Potsdamer Stasi-Zentrale und dann das repräsentative Haus der neuen *Landesregierung von Brandenburg*. Von diesem aus dem Jahr 1908 stammenden neobarocken Gebäude mit seiner großen Kuppel aus war vor 1945 der damalige Regierungsbezirk Potsdam der preußischen Provinz Brandenburg verwaltet worden.
Auf der rechten Seite, gleich am Nauener Tor, ragt ein ehemaliges Versicherungs- und heutiges Gerichtsgebäude noch über die Torflügel hinweg ins Bild. Wenn man nun auf

Das kleinste Potsdamer Stadttor ist das Jägertor an der Hegelallee. Es stammt aus der Zeit der zweiten Potsdamer Stadterweiterung um 1740.

Das gelbangestrichene Nauener Tor an der Friedrich-Ebert-Straße wird von der Straßenbahn durchfahren. Im Hintergrund das Regierungsgebäude.

der Friedrich-Ebert-Straße noch weiter geradeaus gehen würde, käme man zur russischen Kolonie Alexandrowka — doch sie ist Ziel eines anderen Spaziergangs (s. Seite 104). Nach Rückkehr zum Nauener Tor ist vielleicht eine Kaffeepause im beliebten *Café Heider* an der Ecke Friedrich-Ebert-/ Straße der Jugend angebracht. Hier verkehren die Potsdamer »Szene«, Schüler der benachbarten Oberschule und zunehmend auch Touristen. Manchmal soll auch ein Stehgeiger dort spielen. Im Sommer kann man auf einer kleinen Terrasse gleich vor dem Tor sitzen. Die Kuchenauswahl ist ähnlich groß wie zu Zeiten der vor dem Ersten Weltkrieg sehr bekannten Hofkonditorei Rabien an derselben Stelle.

Das Café Heider liegt bereits in einem der vier Karrees des einzigartigen *Holländischen Viertels*, in das wir nun über die Friedrich-Ebert-Straße und gleich nach links in die Mittelstraße abbiegend hineingehen wollen. An dieser Straßenecke hat man bereits in den siebziger Jahren vier Häuser musterhaft restauriert. So kann man sich vorstellen, wie das gesamte Viertel zwischen der Straße der Jugend, der Hebbel-, Gutenberg- und Friedrich-Ebert-Straße einmal aussehen könnte. Es ist jedenfalls durch entschiedene Proteste der Potsdamer Bevölkerung und Denkmalschützer erhalten geblieben und auch nicht nach der Wende als Hotel- und Kongreßzentrum verkauft worden. Spekulationen haben die Preise für die tatsächlich typisch holländischen Häuser natürlich in die Höhe getrieben, doch nun sollen sie bevorzugt an Künstler und Handwerker verkauft werden, die zu einer typischen Atmosphäre in dem Viertel beitragen können. Auch wenn es sich deutlich von den anderen Bebauungen um die Brandenburger Straße herum unterscheidet, sind die 134 Häuser des Viertels doch ebenfalls während der zweiten Stadterweiterung angelegt worden. Sie wurden 1734—1742 unter Friedrich Wilhelm I. und Friedrich dem Großen von holländischen Handwerkern unter Leitung des Amsterdamer

An der Friedrich-Ebert-Straße wurde Mitte der achtziger Jahre mit der Restaurierung der Häuser des holländischen Viertels begonnen. Im Vordergrund links immer noch zum Stadtbild gehörende sowjetische Offiziere.

Architekten Johann Boumann für Einwanderer aus Holland erbaut — ein Stück »Exotik« in Potsdam, wie wir noch weitere aus anderen Ländern und Kulturkreisen, geschaffen unter weltoffenen Königen, im Lauf der in diesem Buch beschriebenen Rundgänge aufspüren werden.

Rein holländisch war das Viertel nie, denn unerwartet wenige Holländer ließen sich in Potsdam nieder, so daß auch hier wieder brandenburgisch-preußische Rekruten und deutsche Handwerker die Mehrzahl der Bewohner ausmachten.

Während der DDR-Ära war es zunehmend unbewohnt und

Das holländische Viertel — hier Giebel in der Mittelstraße — sollte unter Friedrich Wilhelm I. und seinem Sohn einwandernde niederländische Handwerker aufnehmen. Heute ist es ein wichtiges Aufbauprojekt in der Innenstadt.

dem Verfall preisgegeben, obwohl damals schon Pläne bestanden, es bis 1992 zu restaurieren. 1990 sind endlich Bauzäune aufgestellt und Baugeräte aufgefahren worden, doch konzentrieren sich die Arbeiten auf die Häuser an der Mittel- und Benkertstraße, durch die wir das Viertel nach Süden in Richtung Bassinplatz durchqueren. Man kann sich vorstellen, wie die roten Ziegelwände sich — nach ihrer Reinigung — gegen den blauen Himmel abheben werden und so das Viertel zusammen mit dem Grün einiger Bäume, den dekorativen Fassadenelementen von Mittel- und Eckhäusern und auch dem Gelb des Nauener Tors zu einem Dorado für Fotografen werden lassen.

Der holländische Baustil setzt sich an der Westseite des Bassinplatzes, in der Straße »Am Bassin«, und an der benachbarten Wilhelm-Pieck-Straße (Charlottenstraße) mit reicher ausgestatteten dreigeschossigen Giebelhäusern aus Backstein fort. Sie wurden später (1773–1776) im Auftrag Friedrichs des Großen von Gontard erbaut.

Bevor wir uns diesem Bereich widmen, sollten wir über die Gutenbergstraße nochmals zur Friedrich-Ebert-Straße zurückkehren, um uns noch einige Häuser auf dieser die Stadt in Nord-Süd-Richtung durchquerenden wichtigen Straße anzuschauen. Gleich links um die Ecke herum stehen wir vor dem schönsten Haus dieser Straße, dem zweistöckigen Barockbau der ehemaligen *Großen Stadtschule* von 1738/39. Eine Tafel am Gebäude erinnert daran, daß der Dichter Heinrich von Kleist hier am Ende des 18. Jahrhunderts, in Potsdam beim Militär dienend, Mathematikunterricht genommen hatte, um sich auf sein Studium vorzubereiten. Noch heute gehen Potsdamer hier zur Schule. Gegenüber der Schule gibt es in einem barocken Gebäude eines der bekanntesten, aber letztlich bislang von den Speisen her enttäuschenden Potsdamer Restaurants, den *Klosterkeller«*. Im übrigen prägen einige Gründerzeitbauten das Gesicht dieser bisher eher bescheidenen Geschäftsstraße mit.

Wir verlassen sie an der Ecke Brandenburger Straße, indem wir nach links zur *Peter-Pauls-Kirche* hin abbiegen. Die katholische Pfarrkirche St. Peter und Paul ist ein Endpunkt der Brandenburger Straße (der andere ist das Brandenburger Tor). Ihr Glockenturm wurde wiederum, wie viele Potsdamer Kirchen, nach einem architektonischen Vorbild im Ausland errichtet, und zwar dem Campanile von San Zeno in Verona. Um die Kirche herum sind so unterschiedliche Dinge wie die

Unterhalb der Peter-Pauls-Kirche an der Straße »Am Bassin« findet vor den holländischen Häusern tratitionell ein Markt statt. Die Aufnahme entstand im Jahre 1989 noch vor der Wende — mit spärlich gefüllten Marktständen.

Marktstände auf der Straße »Am Bassin«, der zentrale Busbahnhof (mit über 40 Buslinien) und ein *sowjetischer Ehrenfriedhof* angesiedelt. Letzterer dient dem Gedenken der im April 1945 beim Kampf um Potsdam und Berlin gefallenen Sowjetsoldaten. Er liegt im Zentrum des ehemaligen Wasserbeckens (»Holländisches Bassin«), das um 1738 der Trockenlegung dieser Gegend gedient hatte. Es warf ähnliche Probleme wie später der Stadtkanal auf, indem es vor allem ständig verschlammte. Daher wurde es schon 1890 zugeschüttet.

Um den früheren Pavillon auf einer Insel im Bassin, der sogenannten *Gloriette*, entstand die falsche Überlieferung, es handele sich dabei um das Häuschen, in dem der Soldatenkönig sein berühmtes Tabakskollegium abgehalten habe — in älteren Stadtplänen entdeckt man daher noch die Eintragung »Tab. Coll. Fr. Wilh. I«. Tatsächlich fand der Herrenabend im Stadtschloß statt. Die Gloriette wurde nach 1945 abgerissen, um Platz für den Ehrenfriedhof zu schaffen.

Zwischen Bassinplatz und Bezirkskrankenhaus erhebt sich die runde Französi- sche Kirche, die ehemals zu einem französischen Viertel gehört hatte.

Diese »Moschee« ist in Wirklichkeit das Pumpwerk für die Fontänen im Park von Sanssouci. Im Hintergrund die Wohnhochhäuser am Kiez.

Am Nordende der Friedrich-Ebert-Straße steht das gotische Nauener Tor (oben). Das Brandenburger Tor von 1770 (unten) war früher das Ausfalltor nach Brandenburg und zum Park von Sanssouci. Es ist heute der markante Endpunkt von Potsdams Einkaufsboulevard, der Brandenburger Straße.

Im Marstall, dem einzigen Gebäuderest des ehemaligen Stadtschlosses, befindet sich das sehenswerte Filmmuseum (oben). Der Alte Markt bietet zwar nicht mehr das geschlossene Stadtbild wie vor 1945, doch wird er beherrscht von Schinkels Nikolaikirche und dem Alten Rathaus (unten).

Die Bildergalerie (oben) war das erste europäische Museum außerhalb eines Schlosses und birgt die Bildersammlung Friedrichs des Großen. Majestätisch thront Schloß Sanssouci auf sechs Weinbergterrassen; im Vordergrund die Venus-Figur an der Großen Fontäne (unten). Zu den schönen Räumen im Ostflügel, wo Friedrich der Große wohnte, gehört das Musikzimmer (rechts).

Friedrich Wilhelm IV. ließ 1851–62 die Orangerie westlich vom Schloß Sanssouci erbauen. Sie besitzt eine Gemäldegalerie und eine Aussichtterrasse (links). Das Neue Palais – hier der Empfangssaal – sollte nach dem Siebenjährigen Krieg Preußens Macht und Finanzkraft beweisen (oben). Im Atrium der Römischen Bäder steht eine Marmorwanne (unten).

Hinter dem Neuen Palais stehen die Communs — ehemalige Wirtschafts- und Dienergebäude. Durch ihre Kolonnaden fällt der Blick auf die Kuppel des Palais.

An der Südostecke des Bassinplatzes, der im übrigen heute eine Grünanlage ist, steht die runde *Französische Kirche*. Auch sie ist einem ausländischen Vorbild nachempfunden: dem Pantheon in Rom, ähnelt aber auch der Berliner St.-Hedwigs-Kathedrale. Erbaut wurde sie im Auftrag Friedrichs des Großen von Boumann, dem Architekten des Holländischen Viertels, der sie den in Potsdam ansässigen Franzosen schenkte. Die Kirche gehörte damit nämlich zu einem Französischen Viertel, das sich nach dem Edikt von Potsdam gebildet hatte. Dieser Erlaß des brandenburgischen Kurfürsten Friedrich I. von 1685 hatte den aus Frankreich vertriebenen Hugenotten Religions- und Steuerfreiheit sowie andere Vorrechte eingeräumt. Seit 1731 war eine französische Kolonie entstanden, deren meiste Mitglieder in der auf die Französische Kirche gerade zulaufenden heutigen Joliot-Curie-Straße gewohnt hatten. Die Kirche ist in den letzten Jahren außen und innen restauriert worden. Hinter ihr liegen in der Wilhelm-Pieck-Straße auch noch einige holländische Häuser.

Auf unserem Spaziergang kehren wir am *Busbahnhof* vorbei zur Straße Am Bassin zurück und gehen am Rand des links beginnenden Platzes der Einheit an einer Straßenbahn-Endhaltestelle vorbei zur Friedrich-Ebert-Straße. Diese sieht hier etwas großstädtischer aus. Der *Platz der Einheit* (früher Wilhelmsplatz) ist zudem der größte innerstädtische Platz und ein wichtiger Straßenbahn-Knotenpunkt. Er wird beherrscht von der *Hauptpost* an seiner Südostecke und vom modernen Gebäude der *Wissenschaftlichen Allgemeinbibliothek* an seiner Südseite. Wir biegen gleich auf der gegenüberliegenden Straßenseite rechts ab in die Kupferschmiedgasse, um in die Wilhelm-Staab-Straße (ehemals Hoditzstraße) zu gelangen. Hier sind schon in der tiefsten Ulbricht-Ära gegen den Willen der Behörden kriegszerstörte Bürgerhäuser des 18. Jahrhunderts, von denen aber noch die Fassaden standen, liebevoll in Privatinitiative rekonstruiert worden.

Die Wilhelm-Staab-Straße in südlicher Richtung begehend, gelangen wir zur Yorckstraße (einst »Am Kanal«), unter deren kahlem Mittelstreifen sich der zugeschüttete Stadtkanal (s. Seite 29) befindet; er fehlt in dieser Straße mit ihren noch erkennbaren vornehmen Häusern ganz besonders. Rechts von unserer Strecke liegt an der südlichen Seite der Yorckstraße das langgestreckte repräsentative Gebäude der ehemaligen preußischen *Oberrechnungskammer* (Hausnummer 19/20).

Wir überqueren die Yorckstraße in Höhe einer ehemaligen Kanalbrücke und gelangen durch die Siefertstraße zum *Neuen Markt*. Hier endete im Mittelalter die Stadt Potsdam. Man muß sich schon etwas umschauen, um an diesem mit abgestellten Lastwagen zum Hinterhof verkommenen und hoffentlich bald völlig restaurierten Platz die historisch wichtigsten Bauten zu erkennen: den ehemaligen *Kutschpferdestall* mit seinem triumphbogenförmigen Tor (1789), das *Waagehaus* in Platzmitte mit der früheren Ratswaage (1875) und das *Kabinetthaus* (Nr. 1), das Friedrich der Große für seinen Neffen Friedrich Wilhelm II. als seinen Kronprinzen hatte erbauen lassen. Seinen Namen hatte es von dem 1833 darin eingezogenen königlichen Kabinett. Nach 1900 diente es den Kaisersöhnen als Wohnhaus, wenn sie in Potsdam beim »Ersten Garderegiment zu Fuß« dienten.

Wir stoßen nun, am Kabinetthaus vorbeigehend, auf die Rückseite des Marstalls (Filmmuseum) an der hübschen kleinen Schloßstraße mit ihren Barockhäusern. Nach links gelangen wir wieder zur Potsdam-Information und schließlich zum Alten Markt zurück.

Wenn wir zuvor noch die Friedrich-Ebert-Straße am Neubau des Instituts für Lehrerbildung entlangschauen, können wir auf dem Bürgersteig eine moderne *Schriftplastik* (1978) erkennen. Die durch metallene Lettern auf zwei Ringen gebildeten Sätze kann man aber erst bei näherem Hinsehen entziffern; sie stammen von zwei sehr unterschiedlichen deutschen

Geistern, nämlich Karl Marx und Johann Wolfgang Goethe, und lauten: »Die Philosophen haben die Welt nur verschieden interpretiert, es kommt aber darauf an, sie zu verändern« (Marx) und »Alles Vergängliche ist nur ein Gleichnis« (Goethe).

Unser Spaziergang ist beendet. Manche Potsdam-Besucher schaffen es sogar noch, sich anschließend an einen Stadtrundgang den Park und das Schloß Sanssouci anzuschauen, aber das ist eigentlich ein tagesfüllendes Programm für sich.

Noch eine Bemerkung zu Potsdam als eine der deutschen Städte mit *Straßenbahnen*, die noch auf ihren alten Strecken mitten durch die Stadt verkehren: Man sollte sich eine Fahrt gönnen, um die Baudenkmäler an der Friedrich-Ebert- oder der Wilhelm-Pieck-Straße an sich vorüberziehen zu lassen. Aber auch am Rande der Stadt gibt es lohnende Ausflugsziele mit der Straßenbahn: die BERLINER VORSTADT mit der Glienicker Brücke über die Havel (Endstation der Linie 3), der Kapellenberg an der russischen Siedlung ALEXANDROWKA (Endstation Linie 5) oder auch — auf der längsten, durch Neubaugebiete führenden Strecke — in die Trabantenstadt AM STERN mit der Gaststätte »Altes Jagdschloß« an der Parforceheide (Endstation Linien 6 und 8). Überall schließen sich Spazierwege an. Auch in Potsdam vereinfachen Mehrfahrtenkarten das Benutzen der Bahn.

Im Park von Sanssouci

Ein Gesamtkunstwerk, das auf die Sinne wirkt, majestätisch und zugleich künstlerisch verspielt wie sein den Musen gegenüber aufgeschlossener Hauptschöpfer, Friedrich der Große von Preußen, und weitläufig wie sein Reich — das ist Sanssouci, das wohl größte Erlebnis von Architektur und Parklandschaft in Deutschland. Man muß sich mindestens einen vollen Tag Zeit nehmen, um Sanssouci erwandern, besichtigen und genießen zu können.

Der Park ist rund zwei Quadratkilometer groß und damit etwa doppelt so ausgedehnt wie die Innenstadt von Potsdam. Gleich drei Schlösser befinden sich in ihm: Das bekannteste ist das zierliche, mehr einer graziösen Gartenvilla ähnelnde Schloß Sanssouci, das größte ist das dem französischen Schloß von Versailles nachempfundene Neue Palais am Westende, und im klassizistischen Stil ist das nach Plänen Schinkels erbaute Schloß Charlottenhof im Süden gehalten. Man könnte auch noch die pompöse Orangerie, deren Längsausdehnung das Neue Palais übertrifft, als ein Schloß bezeichnen. Charlottenhof und Orangerie sind übrigens nicht mehr unter Friedrich II., dem Großen, sondern unter seinen Nachfolgern Friedrich Wilhelm III. und Friedrich Wilhelm IV. geschaffen worden, so daß die heutige Gesamtanlage über 100 Jahre, von der Mitte des 18. bis zur Mitte des 19. Jahrhunderts, für die Entstehung ihrer Bauwerke benötigte.

Alles begann — auf Anordnung des gerade erst vier Jahre auf

Der Park von Sanssouci ist – besonders in der Umgebung des Schlosses Sanssouci – reich mit phantasievollen Steinfiguren geschmückt, die schon für sich alleine einen entdeckungsreichen Rundgang lohnen.

dem Preußenthron sitzenden, 32jährigen Königs Friedrich II. – mit der Verwandlung des »Wüsten Bergs« nordwestlich vom Brandenburger Tor in einen terrassenförmigen Weinberg. Dieser wurde dann 1745–1748 nach eigenen Skizzen des Königs und Plänen seines Baumeisters Knobelsdorff mit einem Sommerschlößchen gekrönt. Es wurde trotz seiner unrepräsentativen Kleinheit zum Lieblingswohnsitz Friedrichs, der hier »sans souci« (zu Deutsch »ohne Sorge«) als Privatmann und Künstler leben wollte. Dementsprechend lag es seitlich von der Hauptachse im Park, der 2300 m langen

Hauptallee, die schnurgerade von der Schopenhauerstraße im Osten auf das Neue Palais im Westen zuführt.

Schloß Sanssouci wurde symmetrisch eingerahmt von zwei zum Verwechseln ähnlichen Gebäuden, der Bildergalerie im Osten und den Neuen Kammern (der alten Orangerie) im Westen, vor denen jeweils die Hauptallee zu einem runden Platz erweitert wurde, mit Wasserbecken und Fontäne in seiner Mitte. Fast parallel zur Hauptallee, jedoch bald schon nach hinten abknickend, wurden die in der Verlängerung des Weinbergs liegenden nördlichen Hügel im Laufe der Zeit mit weiteren Gebäuden, der neuen Orangerie, dem zierlichen Drachenhaus und dem Belvedere (Aussichtstempel) auf dem Klausberg, bebaut. Sozusagen als einzigen Gegenpol im Süden der Gesamtanlage ließ Friedrich Wilhelm III. Schloß Charlottenhof für seinen Sohn Friedrich Wilhelm IV. errichten. Zwischen allen diesen Gebäudegruppen erstrecken sich Landschaftsparks wie der Rehgarten und der Park Charlottenhof sowie der Lustgarten am Schloß Sanssouci und die älteste Gartenanlage, der Marlygarten.

Hier wollen wir unseren Rundgang beginnen, der uns zu allen Gebäuden der Gesamtanlage führen soll. Natürlich kann man ihn aufteilen und so etappenweise vielleicht erst den Bereich um das Schloß Sanssouci mit Orangerie und Chinesischem Teehaus, das für sich allein am Rande des Rehgartens steht, erschließen. Ein zweiter Tag wäre dann dem Neuen Palais und dem Bereich Charlottenhof gewidmet. Diese Vorgehensweise ist dann zu empfehlen, wenn man sich gründlich im Inneren der Gebäude umsehen möchte.

Man muß auch nicht, wie im Folgenden beschrieben, vom Haupteingang am Grünen Gitter aus den ganzen Weg zu Fuß erledigen, sondern kann jeweils auf die Parkplätze am Schloß Sanssouci (Zufahrt über Schopenhauerstraße — Zur Historischen Mühle — An der Orangerie) und am Neuen Palais

(Zufahrt über Leninallee/Alte Luisenstraße — Geschwister-Scholl-Straße — Am Neuen Palais) heranfahren. Die an der Nordseite des Parks vorbeiführende Maulbeerallee verbindet beide Parkplätze miteinander.

Wer im Schloßhotel Cecilienhof abgestiegen ist, kann gleich von dort aus bequem mit der Buslinie F zum Schloß Sanssouci, zur Orangerie oder zum Neuen Palais fahren und die Ein- und Aussstiegs-Haltestelle mit einem dazwischenliegenden Spaziergang kombinieren.

Vom Alten Markt aus (Hotel Potsdam) fährt die Straßenbahn Linie 1 direkt bis vor den Parkeingang beim Schloß Charlottenhof. Mit einem Stadtplan beziehungsweise einer Karte vom Park Sanssouci kann man sich all diese und weitere Möglichkeiten, Sanssouci zu erschließen — wie die Anlage hier kurz genannt werden soll —, verdeutlichen. Die Direktion der Staatlichen Schlösser und Gärten Potsdams gibt hervorragende Informationsschriften heraus, die in den Hotels, von der *Potsdam-Information* (Alter Markt) und an den Kassen der zu besichtigenden Gebäude erhältlich sind.

Hier soll davon ausgegangen werden, daß derjenige, der den im vorigen Kapitel beschriebenen Stadtrundgang hinter sich gebracht hat, auch in der Lage sein wird, den großen Parkspaziergang zu schaffen — Pausiermöglichkeiten gibt es viele, zumindest in der warmen Jahreszeit auf einer Parkbank.

Doch ist ein Besuch von Sanssouci keinesfalls nur dann interessant — jede Jahreszeit hat hier ihre eigenen Reize, und im Winter öffnen die kahl gewordenen Zweige und Hecken ungeahnte Durchblicke. Allerdings sind dann die Skulpturen in Holzkästen eingepackt und manche Gebäude geschlossen. Allgemein empfiehlt es sich, Wochenenden zu meiden, wenn sich Heerscharen von Berlinern aus dem bis 1989 von Potsdam getrennten Westteil der Stadt in Park und Schlösser ergießen. Es könnte zumindest bei den Besichtigungen der

Schlösser Sanssouci und Charlottenhof sowie der Neuen Kammern zu Engpässen kommen, da diese nur bei Führungen möglich sind.

Wir wollen also am Eingang *Grünes Gitter* starten, zu dem uns vom Brandenburger Tor aus die hübsche Allee nach Sanssouci auf kurzem Wege direkt hinführt. Ein alternativer Einstieg wäre am Obelisken auf der Schopenhauerstraße, nördlich vom Platz der Nationen, gegeben, doch soll das unser Ausgang sein.

Unser Eingang und die sich dahinter anschließende Straße haben ihren Namen von dem Gitter, das den *Marlygarten* von der Straße abtrennt. Hier befand sich früher der Küchengarten Friedrich Wilhelms I., des Vaters von Friedrich dem Großen, mit einem kleinen Lusthaus. Der Soldatenkönig, der dem im Frankreich Ludwigs XIV. mit Schloßparks betriebenen Pomp ablehnend gegenüberstehend, nannte diese Anlage scherzhaft sein »Marly«. Sein Sohn behielt den Garten bei.

Auf der linken Seite der Straße »Am grünen Gitter« liegt die *Villa Liegnitz,* in der bis 1945 Prinz August Wilhelm, der Sohn Wilhelms II., wohnte.

Die sich an das neben dem Eingang stehende Kavaliershaus (*»Schloß Marly«*) nach rechts anschließende *Friedenskirche* — unsere erste Station über den Weg rechts hinter dem Eingangstor — wurde erst in der letzten Bauphase von Sanssouci (1845–1847) von Friedrich Wilhelm IV. errichtet, der in ihr zusammen mit der Königin Elisabeth beigesetzt wurde. Dabei war er mit seiner, von Ludwig Persius weiter ausgearbeiteten Skizze von zwei italienischen Vorbildern ausgegangen: für die Kirche selbst von der Basilika San Clemente in Rom und für den freistehenden Glockenturm vom Campanile der römischen Kirche Santa Maria. Aus Italien stammt auch das im 12. Jahrhundert geschaffene wertvolle Mosaik in der Friedenskirche; es wurde 1834 von der Kirche San Cypriano auf der Insel Murano bei Venedig erworben. Ein Atrium mit

Blick durch den schlichten Marlygarten auf die Mitte des 19. Jahrhunderts im italienischen Stil mit separatem Glockenturm errichtete Friedenskirche.

der Statue des segnenden Christus und ein Kreuzgang laden zum Verweilen in einer vom übrigen Sanssouci so völlig andersartigen Umgebung ein.

Hinter der Kirche ist einer der beiden großen Teiche von Sanssouci, der Friedensteich, in den das Kirchenschiff malerisch hineinragt (schönes Fotomotiv mit Spiegelung vom gegenüberliegenden Ufer, Nähe Obeliskportal).

Unser Weg führt durch den Marlygarten rechts neben dem Verwaltungsgebäude hinaus. Hier wohnte schon der berühmte Gartenarchitekt Peter Joseph Lenné, der 1846 den Garten zum Landschaftspark umgestaltete.

Nun gelangen wir an eine kurze, von zwei Wassergräben eingerahmte Allee, die als Nebenachse zur Hauptallee auf die *Große Fontäne* zuführt. Die Skulpturen rund um das Becken wurden von französischen Bildhauern geschaffen. Dahinter ragen die zum Schloß Sanssouci aufsteigenden sechs *Weinbergterrassen* auf. Man fühlt sich gleichsam gezwungen, die 132 Stufen der mittleren Treppe zwischen den verglasten Nischen für Weinstöcke und Feigen hinaufzusteigen. Doch wir wollen uns zunächst auf der Hauptallee nach rechts wenden, um an der Kleinen Fontäne nach links abbiegend den *Holländischen Garten* zu erreichen. Rechts von ihm liegt etwas versteckt die leider ziemlich beschädigte *Neptungrotte* von Knobelsdorff, ein romantisches Tempelchen, auf dem Neptun mit dem Dreizack sitzt. Wir gehen mitten durch den Holländischen Garten auf das skulpturengeschmückte Gebäude an seinem Ende, die *Bildergalerie*, zu.

Das 1764 vollendete Gebäude birgt tatsächlich ein Museum, das erste selbständige — das heißt, nicht als Sammlung in einem Schloß untergebrachte — in Kontinentaleuropa. Friedrich der Große nannte die Bildergalerie in einem Schreiben an seine Schwester Wilhelmine »eine neue Torheit«, durch die »die Welt ja nur vorwärts« käme. Mit ihrem reich

Der lange Saal der Bildergalerie neben dem Schloß Sanssouci enthält eine dicht gehängte Gemäldesammlung, die auf Friedrich den Großen zurückgeht.

geschmückten langgestreckten Saal, der von Mitte Mai bis Mitte Oktober (außer am 4. Mittwoch im Monat) von 9 bis 17 Uhr gegen Eintritt betreten werden kann, erinnert sie im Inneren an ein prachtvolles Schloß. Prächtig sind auch die an der linken Wand hängenden 124 wertvollen Gemälde aus der Renaissance- und Barockzeit, unter anderem von van Dyck und Rubens. Sie stammen zum Teil noch aus der später mehrmals verringerten, aber auch wiederholt ergänzten Sammlung des Königs und sind inzwischen durch Klimaeinflüsse gefährdet. In ihrer Umgebung lassen sich auch die gelegentlich — zum Beispiel zur Eröffnung der Festspiele im Juni — hier veranstalteten Konzerte genießen.

Wen die Ungeduld, endlich das *Schloß Sanssouci* aus der Nähe betrachten zu können, dorthin treibt, sollte aus der Mitte des Holländischen Gartens nach rechts abbiegen, um über den kleinen, schräg verlaufenden, mit Putten geschmückten Weg noch zwischen der dritten und vierten Weinbergterrasse herauszukommen. Dieser Seitenaufstieg führt direkt auf einen mit vergoldeten Ornamenten verzierten *Pavillon* am Ende eines vom Schloß kommenden Laubengangs zu. In ihm steht die nackte Bronzefigur des »*Betenden Knaben*«, deren antikes Original sich im Berliner Staatlichen Museum befindet.

An der kahlen Kiesfläche vor dem Schloß sollte man sich nicht stören, sie entspricht dem ursprünglichen Zustand des Plateaus, auf das Friedrich oft mit seinen Windspielen hinaustrat. Diese liegen hier im Garten rechts unter mit ihren Namen versehenen Steinplatten begraben. Unter den Marmorfiguren von Flora und Zephir (1749) hatte sich Friedrich der Große in seinem Testament von 1752 seine eigene Beisetzung in einer schon 1744 angelegten Gruft gewünscht:

> »Ich habe als Philosoph gelebt und will als solcher begraben
> werden, ohne Pomp, ohne Prunk und ohne die geringsten
> Zeremonien. Man bringe mich beim Schein einer Laterne,

Rechts und links vom Schloß Sanssouci stehen eiserne Pavillons mit vergoldeten Ornamenten. Die Aufnahme zeigt den östlichen und im Vordergrund den Platz, an dem Friedrich der Große seit August 1991 neben seinen Hunden ruht.

und ohne daß mir jemand folgt, nach Sanssouci und bestatte mich dort ganz schlicht auf der Höhe der Terrasse . . .«

Doch ließ ihn sein als König nachfolgender Neffe Friedrich Wilhelm II. an einem seiner Ansicht nach würdigeren Ort bestatten: unter der Garnisonkirche neben dem ungeliebten Vater, dem Soldatenkönig Friedrich Wilhelm I. (s. Seite 28). Nun soll er 1991 an seinem Todestag, dem 17. August (von 1786), endlich aus der Kapelle der Hohenzollernburg bei Hechingen in Baden-Württemberg an seinen Wunschort oder

»Sans, souci« — ohne Sorge — lautet die Inschrift am Kuppelsaal des Schlosses, dessen Dach von sinnesfrohen Hermen-Figuren des Bildhauers F. C. Glume getragen zu werden scheint. Große Türfenster geben Blick und Zugang zur Terrasse frei.

jedenfalls nach Sanssouci umgebettet werden — ob in der erbetenen Stille, das erscheint fraglich.

So wie das Schloß mit seinen beiden Flügeln streng symmetrisch angelegt ist, findet man auch spiegelbildlich an seiner westlichen Seite das Gegenstück zur Büstengruppe mit den römischen Kaisern und zum Laubengang mit dem Eisenpavillon. Das Schloß selbst hat zwei verschieden gestaltete Seiten: zum Park hin im lieblichen Rokoko, auf der nördlichen Rückseite barock.

Die Wohnräume und Gästezimmer im Schloß Sanssouci sind durch große Türen miteinander verbunden, die dem kleinen Gebäude Weitläufigkeit geben.

Im Westflügel des Schlosses Sanssouci liegen die Gästezimmer Friedrich des Großen — hier das zweite, »blauweiße« Gästezimmer mit wertvollen Möbeln.

64

Man betritt das Schloß zur Besichtigung der reich mit Mobiliar, Gemälden und Skulpturen ausgestatteten zwölf Innenräume wie ehedem von seiner Nordseite aus (ganzjährig ab 9 bis 15, im Sommer auch bis 17 Uhr geöffnet, ausgenommen am 1. und 3. Montag im Monat). Im Ostflügel befinden sich die königlichen Räume (Arbeits- und Schlaf-, Musik- und Empfangszimmer), im westlichen die fünf ehemaligen Gästezimmer. Dazwischen liegt der ovale Marmorsaal unter dem das nur eingeschossige Schloß krönenden Kuppelbau.

Eine Beschreibung der zu erwartenden Sehenswürdigkeiten würde den Rahmen dieses Buchs sprengen — die Kasse des Schlosses hält ausführliches Informationsmaterial bereit, und beim Rundgang mit sachkundiger Führung (alle 20 Minuten, mit Kartenvorverkauf!) wird man ausführlich ins Bild gesetzt. Er geschieht übrigens — wie auch in den anderen Gebäuden von Sanssouci — mit den obligatorischen großen Filzpantoffeln, die viel zur Bedächtigkeit der Besichtigungen beitragen. Wer im Schloß fotografieren möchte (ein Weitwinkelobjektiv wäre sehr nützlich!), benötigt einen an der Kasse erhältlichen preiswerten *Fotoerlaubnisschein*, der für den gesamten Sanssouci-Bereich gilt. Die Benutzung von Stativen oder Blitzlichtgeräten ist allerdings untersagt, so daß sich ein Film von mindestens ISO 200/24° Empfindlichkeit empfiehlt.

Das Schloß war der Lieblingswohnsitz des Alten Fritz, in dem ihm allerdings die Verwaltungsaufgaben von Staat und Militär kaum die erwünschte Ruhe ließen. Erholung fand er nur gelegentlich, dann aber im Musikzimmer mit Philipp Emanuel Bach und anderen Komponisten oder mit eigenem Flötenspiel. Im Marmorsaal (bei schönem Wetter auch vor dem Schloß) pflegte der König seine Tafelrunde aus berühmten Geistesschaffenden und Kunstkennern zu versammeln, um sich als Gleicher unter Gleichen zu unterhalten. Der französische Philosoph Voltaire, dem ein eigener, reich mit Pflanzen und Vögeln ausgeschmückter Gastraum gewidmet ist, zählte drei Jahre lang mit zur Runde.

Doch der kunstsinnige König war auch absoluter Herrscher und Kriegsführer. Nach dem Ende des Siebenjährigen Krieges 1763 ließ er das zum Schloß Sanssouci in seiner Größe ganz gegensätzliche Neue Palais in weiter Entfernung davon erbauen, um Preußens ungebrochene Macht − und Finanzkraft − deutlich unter Beweis zu stellen. Doch dazu später.

Der Wandelgang unter den den Ehrenhof an der Nordseite des Schlosses einrahmenden beiden Kolonnaden ist eine Meister-

Zwei Kolonnaden aus korinthischen Doppelsäulen − hier die westliche − rahmen den Ehrenhof an der Rückseite des Schlosses Sanssouci ein.

Oberhalb des Schlosses Sanssouci liegen künstliche Ruinen auf einem Berg mit dem Wasserbecken für die Fontänen im Park — ein malerischer Blickfang.

leistung von Knobelsdorff. Von hier oder der unterhalb davon gelegenen Brunnenterrasse, die ehemals auch als Pferdetränke diente, schweift das Auge die von Bäumen freigehaltene Blickachse zum *Ruinenberg* hinauf. Die Ruinen sind nicht alle »künstliche Kinder« des romantisierenden Zeitgeschmacks um 1748, der knapp 100 Jahre später hinzugefügte normannische Turm brannte nämlich bei den Kampfhandlungen um Potsdam im April 1945 aus. Daß Sanssouci insgesamt — bis auf das Belvedere — verschont blieb, ist einer über Funk erreichten Verständigung zwischen dem von der Roten Armee zum Schutz der unersetzlichen Anlagen eingesetzten Offizier und dem deutschen Oberkommando zu verdanken. Wer neugierig den Pfad zu den Ruinen hinaufgeht, entdeckt zwischen ihnen ein rundes Bassin mit 47 m Durchmesser: Es ist das Ende der von der »Moschee« an der Neustädter Havelbucht, dem eigens für die Fontänen von Sanssouci errichteten Pumpwerk (s. Seite 34), heraufführenden Wasserleitung. Zuvor hatte sich Friedrich nur im Frühjahr 1754 mit Hilfe der Schneeschmelze für wenige Minuten an der Fontäne vor der Bildergalerie erfreuen können, bevor erst rund 90 Jahre später das System einwandfrei zu funktionieren begann.

Wir verlassen Schloß Sanssouci über den Weg, der rechts von der oberen Terrasse abzweigt und als »Hexentreppe« zwischen Mauern den Garten vor dem der Bildergalerie ähnelnden Gebäude der *Neuen Kammern* erreicht. Ihre Öffnungszeiten entsprechen denen von Schloß Sanssouci, sind allerdings freitags geschlossen.
In dieser ursprünglich 1747 von Knobelsdorff erbauten Orangerie, die Unger 1771−1774 zum Gästehaus umgestaltete, sind vor kurzem restaurierte Säle und »Kavalierszimmer« zu sehen.
Wir durchqueren den Rosengarten, um danach in westlicher Richtung an den *Sizilianischen Garten* zu gelangen. Er ist

Die »Neuen Kammern« westlich neben dem Schloß Sanssouci dienten zunächst als Orangerie und dann als Gästehaus. Auf dem Foto fehlen die Marmorfiguren, die auf die kleinen Sockel vor dem Gebäude gehören. Im Hintergrund wird bald wieder die rekonstruierte Mühle aufragen.

eine Schöpfung von Lenné, mit Palmen und anderen subtropischen Pflanzen und einem Laubengang in der Mitte.

Im Halbbogen führt der Weg danach durch den bewaldeten Park zur Anlage unterhalb der Orangerie, in der die kleinere und marmorne Ausführung des auf der Straße Unter den Linden in Berlin aufgestellten *Reiterstandbildes* Friedrichs des Großen von 1865 zu sehen ist; er befindet sich übrigens noch ein zweites Mal im Park, nämlich vor dem Verwaltungsgebäude am Ende der Straße »Am Grünen Gitter«, allerdings dort nicht hoch zu Roß.

Jüngeren Datums ist der »Bogenschütze« (1901). Die Terrasse oberhalb des Wasserbeckens, zu der zwei Treppen hinaufführen, heißt übrigens Jubiläumsterrasse, weil sie zusammen mit der darunter befindlichen Anlage anläßlich des 25jährigen Regierungsjubiläums von Kaiser Wilhelm II. im Jahre 1913 angelegt wurde. Mitten hindurch führt die Maulbeerallee. Vorbei an terrassenförmigen Anlagen steigen wir zum Mitteltrakt des 300 m langen Komplexes der *Orangerie* hinauf. Er ist ein Teil einer geplanten Triumphstraße, die König Friedrich Wilhelm IV. vom Winzerberg an der heutigen Schopenhauerstraße über den Hügelzug östlich der Maulbeerallee bis

Eine Besuchergruppe steht vor dem Mitteltrakt der Orangerie, in dem sich der Eingang zum Raffaelsaal und der Aufgang zur Aussichtsterrasse befinden.

hin zum Klausberg anlegen lassen wollte. Man kann sie sich noch mit den Torbögen an beiden Seitenflügeln der Orangerie und der hinter dem westlichen Tor beginnenden Krimlinden-allee vorstellen. Geldmangel ließ den Plan scheitern, nur die Orangerie wurde nach Plänen des Königs selbst und von Persius 1851—1862 im italienischen Renaissancestil erbaut. Die beiden langgestreckten Hallen dienten, wie der Name Orangerie besagt und es heute noch die westliche tut, als Winterquartier für die Orangenbäume aus dem Park; im Ersten Weltkrieg war hier auch ein Lazarett untergebracht. Der Mittelbau, vor dem seit 1871 das Standbild des Königs

Der Raffaelsaal in der Orangerie, der nur mit Filzpantoffeln betreten werden darf, enthält 47 meisterhafte Kopien von Gemälden des italienischen Malers.

steht, enthält den sogenannten Raffaelsaal mit bereits von Friedrich Wilhelm III. in Auftrag gegebenen perfekten Kopien von Gemälden dieses italienischen Meisters und außerdem fünf Gästeräume, in denen eigentlich der russische Zar Nikolaus I., Schwager von Friedrich Wilhelm IV., mit der Zarin Alexandra wohnen sollte. Doch war der Zar drei Jahre vor der Fertigstellung der Zimmer verstorben. Die Räume können – wiederum auf Filzlatschen – von Mitte Mai bis Mitte Oktober (außer am 4. Donnerstag im Monat) täglich von 9 bis 17 Uhr besichtigt werden.

Von der zwischen den beiden Türmen gelegenen Plattform hat man den schönsten Rundblick über Park und Stadt, bei dem nur die Hochhäuser in der Ferne den Schönheitssinn des Betrachters beeinträchtigen können.

Gen Norden blickt man von hier auf den Ortsteil BORNSTEDT hinunter. Dorthin kann ein Abstecher (15 Minuten) über einen der beiden hinter den Eckbauten der Orangerie hinabführenden Wege gehen. Sie münden in der Ribbeckstraße, die auch im Sozialismus nach Ribbeck auf Ribbeck benannt war, einer berühmten Familie aus Bornstedt, während sie bis 1939 noch Viktoriastraße hieß. Ein anderer bekannt gewordener Bewohner war der Hofnarr (und zugleich Präsident der Akademie der Wissenschaften) Friedrich Wilhelms I., Jakob Paul Freiherr von Gundling, von dem Theodor Fontane sagte, er habe »Witz und Wüstheit, Wein- und Wissensdurst, niedere Gesinnung und stupende Gelehrsamkeit in sich vereinigt«. Er soll »standesgemäß« in der Kirche des inzwischen wildromantischen kleinen Bornstedter Friedhofs in einem Weinfaß beigesetzt worden sein.

Hier ruht auch seit 1922 der preußische Kriegsminister und Infanteriegeneral Erich von Falkenhayn, dem die zweifelhafte Ehre gebührt, die Vernichtungsschlacht von Verdun veranlaßt zu haben. Generationen von in Potsdam stationierten Soldaten mußten auf dem Bornstedter Feld, einem riesigen

Exzerzierplatz nördlich hinter dem Ruinenberg, ihre Übungen absolvieren. An friedlichere Werke erinnern auf dem Friedhof die hier bestatteten Baumeister und Gartengestalter Ludwig Persius, Peter Joseph Lenné und Ferdinand von Arnim. Neben dem Dorf erstreckt sich der vom Versanden bedrohte Bornstedter See.

Zurück zum Park, genauer gesagt: zur Orangerie, um nun auf der mit Linden bewachsenen »Krimlindenallee« in nordwestlicher Richtung auf den bereits im Hintergrund sichtbaren Aussichtstempel *Belvedere* zuzugehen. Wir befinden uns damit auf dem Höhenweg, der Teil der bereits erwähnten Triumphstraße von Friedrich Wilhelm IV. werden sollte. Wir wollen nicht versuchen, ganz bis zur Ruine durchzugehen, da sie eine Baustelle ist. Das von den Kampfhandlungen im April 1945 nicht verschonte, ausgebrannte Bauwerk von Unger (1770–1772) ist als letztes im friderizianischen Rokoko entstanden. Mit Hilfe einer westdeutschen Stiftung soll es zum Stadtjubiläum 1993 wiederhergestellt sein. In dem runden Belvedere (das bedeutet »ein architektonisch gestalteter Aussichtspunkt in einer Landschaft oder auf einer baulichen Anlage«) befinden sich nur zwei Räume, die früher keine besondere Bedeutung hatten, außer daß Kaiser Wilhelm II. an schönen Sommernachmittagen hier hin und wieder seinen Tee einzunehmen pflegte.
Wir können (täglich von 12 bis 18.30 Uhr) unseren Tee oder etwas anderes im gemütlichen Café des *Drachenhauses* trinken, das wir links neben der Allee erreichen — das berühmte Chinesische Teehaus von Sanssouci ist das allerdings noch nicht. Ehemals wurde das 1770 durch Karl Philipp Christian von Gontard nach dem Vorbild der Pagode in Kew Gardens bei London errichtete Drachenhaus vom Winzer des königlichen Weinbergs bewirtschaftet, als »Zubrot« zu seinen kärglichen Einnahmen. Es lohnt sich, an dem Turm hochzuschauen,

Das zweite chinesische Bauwerk im Park von Sanssouci neben dem Teehaus ist das Drachenhaus in Pagodenform, in dem sich ein kleines Café befindet.

um die vergoldeten Drachen an den geschwungenen Vordächern zu betrachten.

Wir verlassen das Drachenhaus nach der wohlverdienten Pause die Treppenstufen hinab zur Maulbeerallee, überqueren diese und gehen, unter Beibehaltung der Richtung, wieder in den Park hinein. Dieser Parkteil gehört zum *Rehgarten*, dem einstigen königlichen Jagdrevier. Das nächste Ziel ist der kleine *Antikentempel* am Ende dieses Weges. Auch er war von Gontard erbaut worden (1768), um zunächst eine Sammlung antiker Kunstwerke Friedrichs des Großen aufzunehmen, die dann 1830 ins Museum nach Berlin kam.

Seit der Beisetzung der ersten Ehefrau Kaiser Wilhelms II., Auguste Viktoria, im Jahre 1921 dient das Tempelchen als Mausoleum der Hohenzollern, denn im Krieg wurden hier noch die für Hitler gefallenen Prinzen Wilhelm (1940 unter Teilnahme von 50 000 Menschen) und Eitel Friedrich (1942) beigesetzt. Nach dem Krieg folgte Hermine, die zweite Frau Wilhelms.

Eine zeitgenössische Beschreibung (G. v. Dickhuth-Harrach: »Potsdam«, Bielefeld/Leipzig 1925) beschwört die Stimmung beim Trauerzug für Auguste Viktoria herauf: Zum Antikentempel

»bewegte sich an einem leuchtenden Frühlingstage des Jahres 1921 vom Bahnhof Wildpark am Neuen Palais vorbei ein feierlicher Zug. Treue Liebe brachte das müde Herz der Kaiserin Auguste Viktoria zu der von ihr bestimmten und ausgewählten Ruhestätte. Noch einmal lebte der düstere Pomp des Hofes für diese Trauerfeier auf. Alles was blitzte und glänzte, war mit schwarzem Flor verhüllt, aber die bunten Uniformen des Hofes und der alten Armee leuchteten in der warmen Aprilsonne. Unmittelbar vor dem Leichenwagen schritt das Offizierskorps des ehemaligen Kürassier-Regiments der Königin. Hohe markige Gestalten im weißen Koller, auf dem Haupte der Stahlhelm; hinter dem Sarge die Prinzen und Prinzessinnen und die Heerführer aus großer Zeit, an ihrer Spitze der Generalfeldmarschall Hindenburg . . .«

Es war die Zeit der Weimarer Republik, als sich Wilhelm II. bereits in seinem holländischen Exil in Doorn befand, und viele Schriftsteller noch dem deutschen Kaiserreich nachtrauerten.

Rechts vor dem Antikentempel biegt der Weg zu dem großen Rasenhalbrund vor dem *Neuen Palais* ab. Hier endet der Park, doch auch hinter dem »Potsdamer Versailles« gibt es noch etwas zu sehen. Während Schloß Sanssouci mit der verspielten Zärtlichkeit einer Serenade erfreut, empfindet man beim Anblick des Neuen Palais eher die Klänge eines preußischen Präsentiermarsches — und so sollte es nach Friedrichs des Großen Absicht auch sein: eine repräsentative Verkörperung des preußischen Absolutismus nach dem letztlich siegreich überstandenen Siebenjährigen Krieg! Kurz vor Ausbruch dieses Krieges hatten die königlichen Baumeister Johann Gottfried Büring und Heinrich Ludwig Manger bereits die Pläne für ein großes Schloß fertiggestellt, das dann schließlich am Westende der Hauptallee 1763—1769 errichtet wurde. Das dreigeschossige, im Rokokostil mit klassizistischen Elementen gehaltene Palais trägt 292 mythologische Sandstein- und 196 Puttenfiguren, die sich bei seiner Gesamtlänge von nahezu 240 m gut verteilen, wenn nicht sogar einige zur Restaurierung unten auf dem Boden stehen. Auf der mächtigen Kuppel halten drei Grazien die Königskrone.

Als Residenzschloß für Friedrich den Großen geplant, der aber nur gelegentlich im Sommer im Südflügel wohnte, wurde das Neue Palais zum Gäste- und Wohnhaus seiner Verwandtschaft. Erst Friedrich III., der deutsche Kaiser für 99 Tage, der bereits im Neuen Palais geboren war, schätzte es als Wohnung (im Nordflügel) bis zu seinem frühen Tod. Sein Sohn Wilhelm II. residierte dann drei Jahrzehnte lang jedes Jahr

Im südlichen Nebenflügel des Neuen Palais befindet sich ein Teil der ehemaligen Wohnräume Friedrichs des Großen, darunter ein Arbeits- und ein Schlafzimmer sowie verschiedene Kabinette ähnlich dem Schloß Sanssouci.

von Anfang Juni bis Anfang Januar im Palais und unterschrieb hier auch am 1. August 1914 an seinem Schreibtisch die Urkunde zur Verkündigung des Ersten Weltkriegs.

Das Neue Palais ist mit verschiedenen Apartements, den Fürstenquartieren, mehreren repräsentativen Festsälen und sogar einem entzückenden Rokokotheater im südlichen Flügel ausgestattet. Das 1991 nach einer Restaurierung wiedereröffnete *Schloßtheater* dient immer noch dem Hans-Otto-Theater als Spielstätte für kleine Opern und andere zeitgemäße Stücke des 18. Jahrhunderts; es bietet 340 mit rotem Samt bezogene Plätze, deren Reihen im Baustil eines Amphitheaters aufragen. Ein ähnliches Theater hatte es früher im Stadtschloß gegeben.

Die Besichtigung der 60 von insgesamt 200 Innenräumen des Neuen Palais erstreckt sich über zwei Etagen. Im Erdgeschoß überrascht der von Gontard entworfene große Grottensaal, in dem die Familie des letzten Kaisers ihre Weihnachtsfeiern veranstaltete; da mag der Kerzenschimmer die mit Halbedelsteinen, Muscheln und Korallen überladen verkleideten Wände wunderschön reflektiert haben . . . Daran schließt

Eines der Schreibkabinette im Obergeschoß des Neuen Palais, dessen abwechslungsreiche Räume auf einem Rundgang besichtigt werden können.

sich die Marmorgalerie an. Der im ersten Obergeschoß an der Parkseite gelegene Marmorsaal erstreckt sich über zwei Etagen. Viele Möbelstücke stammen übrigens aus dem Potsdamer Stadtschloß, da Kaiserin Auguste Viktoria einen Großteil des ursprünglichen Mobiliars hatte nach Doorn schaffen lassen. Auch im Neuen Palais empfiehlt sich die Teilnahme an einer Führung, die alles Wissenswerte vermittelt. Die Öffnungszeiten für das Neue Palais entsprechen denen von Schloß Sanssouci (s. Seite 64).

Eine reizvolle Pause vom Rundgang können wir im Café am südlichen Innenhof des Neuen Palais einlegen. Es ist stilecht mit Möbeln aus dem 18. Jahrhundert ausgestattet. Gegenüber von diesem Gebäude, an der Rückseite des Palais, stehen zwei palastähnliche Pavillons: die beiden *Communs*, zwei barocke Backsteinbauten von Gontard (1766–1769), die trotz ihres feierlichen Aussehens früher nicht mehr waren als nur Wirtschaftsgebäude und Wohnungen der Dienerschaft. Ihr französischer Name ist daher auch abgeleitet von »pour les communs« – »für die Dienerschaft«. Die Kuppel auf dem südlichen Gebäude ist seit 1945 zerstört. Die Communs sind durch eine halbkreisförmige Kolonnade mit einem grandiosen Triumphtor in der Mitte verbunden. Auf diesem Gelände, dessen architektonische Schönheit sich fotografisch auch von der rückseitig um den Komplex herumführenden Straße »Am Neuen Palais« erschließen läßt, befindet sich heute in zwei Nebengebäuden eine *Pädagogische Hochschule*, größte Lehrerausbildungsstätte der ehemaligen DDR.

Wer das Neue Palais mit dem Auto besucht, kann einen kurzen Abstecher – auf der Straße »Am Neuen Palais« nordwärts fahrend und dann hinter der Kreuzung mit der Maulbeerallee von der Amundsenstraße nach links in die Lindstedter Chaussee abbiegend – zum kleinen *Schloß Lindstedt* unternehmen, das bald, etwas versteckt, an der linken

In diesem südlichen Gebäude der »Communs« hinter dem Neuen Palais liegt die ehemalige Küche, die mit dem Palais durch einen unterirdischen Gang verbunden ist. Die Kuppel wurde im Zweiten Weltkrieg zerstört.

Straßenseite steht. Die Terrasse des 1859/60 aus einem Guts- haus entstandenen und vor wenigen Jahren restaurierten Gebäudes ist im Stil eines antiken Tempels überbaut, was ihm das Aussehen einer römischen Villa verleiht. Es hatte einst als Alterssitz für den geistig verwirrten König Friedrich Wilhelm IV. dienen sollen, der jedoch zu krank war, um hier einziehen zu können. Später ließ dann Wilhelm II. seine Kinder hier Schulunterricht nehmen. Heute wird das Schlößchen von der Pädagogischen Hochschule mitbenutzt.

In entgegengesetzter Richtung vom Neuen Palais, nämlich an der Ecke Am Neuen Palais/Geschwister-Scholl-Straße, liegt neben dem Bahnhof Potsdam-Wildpark der alte Kaiserbahnhof Wilhelms II., auf dem Seine Majestät von Berlin aus ankam, um mit der Kutsche zum Palais weiterzufahren. Er ist noch so gut erhalten, daß er musealen Zwecken zugeführt werden könnte.

Wir wenden uns zur Fortsetzung des Rundgangs wieder dem Rasenhalbrund an der Parkseite des Neuen Palais zu und verlassen es auf dem mitten von seiner rechten Hälfte aus in die Büsche hineinführenden Weg, praktisch spiegelbildlich zu dem Weg, von dem wir das Halbrund nach dem Antikentempel betreten haben. Und so finden wir dann hier auch, symmetrisch zu diesem gelegen, einen weiteren Tempel, den ähnlich aussehenden *Freundschaftstempel.* Mit der unter seiner Kuppel stehenden Statue wurde er von Friedrich dem Großen dem Gedenken an seine Lieblingsschwester, Wilhelmine von Bayreuth, gewidmet. Seinen Namen hat der offene Rundtempel allerdings nach den an seinen Säulen angebrachten Bildnissen berühmter altgriechischer Freundespaare, darunter Orest und Pylades.
Nun treten wir auf dem nach rechts vom Tempel fortführenden Weg, immer geradeaus weiter gehend, den längsten, nicht von Gebäuden oder anderen Sehenswürdigkeiten unterbrochenen Spazierweg durch den Park an. Es ist der *Park Charlottenhof*, den wir auf dem Weg zum gleichnamigen Schloß im Südteil von Sanssouci durchqueren. Ausgedehnte Rasenflächen mit wenigen Büschen und Baumgruppen machen den Reiz dieses erst ab 1825 der Gesamtanlage hinzugefügten, von Lenné gestalteten Landschaftsparks aus. Bald kommt die Eingangsseite des Schlosses Charlottenhof ins Blickfeld. Wir folgen weiter unserem Weg, bis wir uns am *Dichterhain* befinden. Er ist, getreu seinem Namen, mit regelmäßig aufge-

stellten Hermen (Büsten auf Säulen) großer Dichter wie Goethe, Schiller und Dante geschmückt. Die beiden Jünglinge in der Mitte der Rasenanlage sind eine weitere Kopie einer im ersten Jahrhundert vor Christi entstandenen und im Madrider Prado aufbewahrten griechischen Plastik, die andere befindet sich am Roten Schloß in Weimar.

Westlich vom Dichterhain legte Lenné in einem Wäldchen ein *Hippodrom*, also eine Art römischer Pferderennbahn, an, der sich noch weiter westlich die »italienische Villa« der 1844 von Persius erbauten *Fasanerie* anschließt.

Zurück zum *Schloß Charlottenhof*: Das 1826—1829 nach Plänen von Karl Friedrich Schinkel unter Persius' Mitwirkung errichtete schlichte klassizistische Gebäude diente dem Kronprinzen Friedrich Wilhelm IV. als Wohnsitz. Sein Vater, Friedrich Wilhelm II., hatte ihm das gesamte Anwesen im Jahr 1825 zum Weihnachtsgeschenk gemacht. Der Name »Charlottenhof« stammt von der Besitzerin des sich früher auf diesem Grundstück befindlichen Gutshofs, Charlotte von Gentzkow. Die zehn Schloßräume können von Mitte Mai bis Mitte Oktober von 9 bis 17 Uhr (außer am 4. Montag im Monat) besichtigt werden.

Zu sehen sind die Wohnräume des Kronprinzen mit zum Teil von Schinkel entworfenen Möbelstücken. Besonders schön ist das gleich hinter dem Eingang gelegene Vestibül mit dem zwischen zwei Treppen stehenden großen Springbrunnenbekken. Originell ist das »Zeltzimmer« gestaltet, das einstige Schlafzimmer der Hofdamen, das sich mit seiner zeltartigen Decke und Betthimmeln aus blau-weiß gestreiftem Stoff an französische Vorbilder anlehnte. Hier wohnte auch der Forschungsreisende Alexander von Humboldt als Kammerherr Friedrich Wilhelms III.

Den schönsten Blick auf das Schloß hat man von seiner nordöstlichen Seite aus. Hier befinden sich ein Wasserbecken

Vom Park bei den »Römischen Bädern« aus hat man den schönsten Blick auf das klassizistische Schloß Charlottenhof mit dem Säulenportikus und der Gartenterrasse an seiner Ostseite. Dahinter liegt der Dichterhain.

mit der Büste der Kronprinzessin Elisabeth auf einer schlanken Säule und ein erhöhter Gartenhof. Eine von Blumen eingerahmte und von einem Brunnen unterbrochene steinerne Wasserrinne führt auf einen von vier Säulen getragenen tempelartigen Vorbau zu. Von dieser Terrasse aus hat man einen beeindruckenden Fernblick auf das sich aus der Parklandschaft erhebende Neue Palais. An der Südseite dieser hübschen Anlage befinden sich eine Exedra (Rundbank nach antikem Vorbild) und eine Pergola, die auf das sogenannte rote Eckkabinett des Schlosses zuführt.

Der erhöhte Hausgarten des Schlosses Charlottenhof wird nach Süden hin durch eine hölzerne Pergola abgeschlossen, zu der man über eine von Skulpturen umgebene Treppe hinaufsteigt.

Meint man schon beim Anblick von Schloß Charlottenhof in das alte Rom zurückversetzt zu sein, so ist man es erst recht bei dem in nordöstlicher Richtung benachbarten Gebäudekomplex der *Römischen Bäder*. Sie waren 1834—1840 unter Mitwirkung des von seiner 1829 durchgeführten Italienreise begeisterten Kronprinzen von Schinkel und Persius geschaffen worden. Der Weg dorthin führt vorbei an dem von Lenné angelegten künstlichen *Maschinenteich*.
Die Römischen Bäder sind mehrere um zwei romantische Innengärten herum angelegte Bauten, nämlich das Haus des

Zum vielgestaltigen Komplex der Römischen Bäder gehört der tempelartige Pavillon, der durch eine weinbewachsene Pergola (rechts) mit dem ehemaligen Wohnhaus des Hofgärtners verbunden ist.

königlichen Hofgärtners Hermann Sello (rechts), das Gärtnergehilfenhaus (links), ein Tempel (Teepavillon) am Ufer des Teichs und ein im Hintergrund liegendes »antikes« Wohnhaus, von dessen sehenswertem Baderaum die Bezeichnung der Anlage stammt. In diesem soll allerdings — außer für eine Szene in einem UFA-Film — nie Badewasser vorhanden gewesen sein. Hier wohnten auch die Gäste des Kronprinzen, darunter im Gärtnerhaus auch Alexander von Humboldt. Der am hinteren der beiden Gärten entlanglaufende Kanal, der *Schafgraben*, wurde einst, wie auch der Teich, von Gondeln befahren und verbindet heute noch — als einziger Wasserlauf im Park von Sanssouci — den Maschinenteich mit dem Friedensteich an der Friedenskirche.

Die Anlage der Römischen Bäder lädt zum Träumen, zum Versinken in eine andere Welt ein, die vergessen läßt, daß man sich inmitten des preußischen Potsdam befindet. Sie ist zugänglich von Mitte Mai bis Mitte Oktober von 9 bis 17 Uhr (außer am jeweils 3. Montag im Monat).

Der weitere Weg führt rechts aus den Römischen Bädern hinaus durch ein Wäldchen und über die Kanalbrücke zur ebenfalls im Stil einer italienischen Villa gehaltenen *Meierei*. Nach Durchschreiten einer dahinterliegenden Allee überqueren wir wieder den Schafgraben, der nun, nach rechts abknickend, die Grenze der Parkanlage bildet. Wir folgen nicht dem parallel dazu verlaufenden Ökonomieweg, sondern gehen nach halbrechts auf ein kleines Wäldchen zu, hinter dem sich rechts ein Kleinod des Parks verbirgt: das *Chinesische Teehaus*.

Man bleibt bei seinem ersten Anblick verwundert stehen, so sehr ist man von den das tempelartige Bauwerk mit kleeblattartigem Grundriß einrahmenden vergoldeten Figurengruppen und dem auf dem Dach unter einem Sonnenschirm thronenden Mandarin in den Bann gezogen. Wir sind noch einmal in die verspielte Welt des Rokoko zurückgekehrt. Einer Idee Friedrichs des Großen folgend, der diese Gartenlaube 1754–1757 von Baumeister Johann Gottfried Büring, dem Schöpfer der Bildergalerie, anlegen ließ, sind die tragenden Säulen als Stämme von Palmenbäumen gestaltet. Völlig fertiggestellt wurde das Bauwerk allerdings erst nach dem Siebenjährigen Krieg. Die Bildhauer Johann Peter Benckert und Johann Matthias Gottlieb Heymüller schufen die phantasievollen Chinesenfiguren — eigentlich als Chinesen verkleidete Europäer —, die zumeist Musikanten darstellen, welche die in den

Das Chinesische Teehaus ist rundum von vergoldeten Chinesenfiguren umgeben, die man schon von weitem aufglänzen sieht. Sie tragen stark zum exotischen Reiz dieses einzigartigen Rokoko-Pavillons bei.

Vorhallen Sitzenden »unterhalten«. Andere Figuren trinken Tee oder Kaffee. Übrigens wurde Tee nicht in dem Haus selbst zubereitet, dafür gab es eine kleine separate Teeküche im Nordosten jenseits des Schafgrabens.

Das Innere des Teehauses besteht aus einem runden Saal, um den sich drei Kabinette gruppieren. Friedrich der Große nannte den Saal, in den er manchmal zum Tee einlud, »Affensaal«, weil an der gemalten Balustrade der Kuppel Affen herumsitzen. Seit 30 Jahren wird hier *Porzellan* im asiatischen Stil aus China, Japan und Meißen (18. Jahrhundert) gezeigt. Die kleine Ausstellung ist zugänglich von Mitte Mai bis Mitte Oktober von 9 bis 17 Uhr (außer am 2. Montag im Monat).

Der Weg zum Ausgang führt uns seitlich vom Teehaus, wo man sich auf Bänken an seiner Rückseite ausruhen konnte, in nordöstlicher Richtung zwischen dem bewaldeten Parkteil (links) und dem Schafgraben (rechts) vorbei zur Hauptallee. Wir können nun noch einmal einen Blick auf das Schloß Sanssouci werfen, bevor wir schließlich den Park entweder wieder am Grünen Gitter oder auf der Hauptallee in östlicher Richtung — wie ehedem die Könige — durch das Obelisken-portal verlassen. Es wurde 1747 von Knobelsdorff geschaffen und besteht aus zwei von je vier korinthischen Säulen gebilde-ten Torpfeilern mit einem schmiedeeisernen Gitter in der Mitte. Seinen Namen hat es von dem draußen an der Scho-penhauerstraße stehenden Obelisken, der ebenfalls von Kno-belsdorff entworfen worden war. Das Portal existiert übrigens im Land Brandenburg noch ein zweites Mal, nämlich am Schloß Rheinsberg.

Am *Obelisken* werfen wir einen Blick nach links und sehen am Fuße eines Hügels ein kleines Triumphtor. Hier wollte Friedrich Wilhelm IV. seine Triumphstraße (s. Seite 70) beginnen lassen. Dazu waren einige nicht mehr ausgeführte Bauten auf diesem Weinberg, dem »Winzerberg«, geplant. Das *Winzerhaus* auf der Anhöhe, im Stil einer italienischen Villa gehalten, entstand 1849. Bei näherem Herantreten erkennt man, daß seine Loggia mit Karyatiden, das Gebälk tragende Mädchenfiguren, ausgestattet sind.

Über die Schopenhauerstraße geht es nun in Richtung Bran-denburger Tor zur Stadt zurück. Ein letzter Blick in den Park von Sanssouci über den Teich hinweg gilt der Friedenskirche, an der unser ausgedehnter Rundgang begonnen hatte.

Der Neue Garten und Schloß Cecilienhof

Nach dem Park von Sanssouci ist der kleinere, nur knapp ein Viertel so große Neue Garten ein weiterer Anziehungspunkt unter den Potsdamer Schlössern und Gärten. Nicht nur, daß hier das verhältnismäßig junge Schloß Cecilienhof liegt, auch die übrigen Gebäude, darunter das Marmorpalais, lohnen einen Spaziergang. Anders als in Sanssouci kann man im Neuen Garten sogar wohnen, nämlich im Hotel des Schlosses Cecilienhof. Der Neue Garten — im Unterschied zum »alten« von Sanssouci so genannt — geht auf den Preußenkönig Friedrich Wilhelm II., den von 1786 bis 1797 regierenden Neffen Friedrich des Großen, zurück. Bereits als Kronprinz hatte er im Jahr 1783 mit dem Erwerb von Gartengrundstükken westlich des Heiligen Sees, im Nordosten der Stadt, begonnen, um Abstand vom überragenden Werk seines Onkels zu gewinnen.

Johann Friedrich Eyserbeck erhielt den Auftrag, einen sinnlichen, natürlich erscheinenden Landschaftsgarten mit fremdländischen und antiken Zutaten zu entwerfen, wofür er sich den von seinem Vater gestalteten Wörlitzer Park bei Dessau (Sachsen-Anhalt) als Vorbild nahm. Der Hofgärtner Johann Georg Morsch führte seine Pläne aus. Lenné setzte 1817—1825 das Werk von Eyserbeck entscheidend fort, indem er die großzügigen Rasenflächen mit freien Durchblicken zum Heiligen See schuf, die heute den landschaftlichen Reiz des romantischen Parks ausmachen.

Als seinen Sommersitz ließ sich der König 1787—1792 auf dem Grundstück eines alten Lusthauses von Gontard das Marmorpalais am Ufer des Heiligen Sees bauen — das gab es nicht in Sanssouci . . . Erst nach über 125 Jahren folgte mit Cecilienhof der zweite Schloßbau im Neuen Garten, nunmehr für einen Sohn Kaiser Wilhelms II., Kronprinz Wilhelm, errichtet.

Von den Folgen des Zweiten Weltkriegs wurde der Neue Garten zweifach betroffen: Im Sommer 1945 fand im Schloß Cecilienhof die Konferenz der Großen Drei, der Siegermächte,

Vom Neuen Garten aus schweift der Blick über den Heiligen See zu den gegenüberliegenden Villen der Berliner Vorstadt.

statt. Und die deutsche Teilung holte 16 Jahre später den Park an seinen zum Jungfernsee und zur Havel hin gelegenen Ufern ein, indem dort, vor der Wassergrenze zu West-Berlin, die Mauer gebaut wurde. Erst seit ihrem im Jahre 1990 begonnenen Abriß ist dieses Seeufer gleich hinter dem Schloß Cecilienhof wieder zugänglich geworden. Doch die Vergangenheit der ehemaligen Sowjetzone und späteren DDR wirkt durch die Anwesenheit der sowjetischen Truppen in den Kasernen und Wohnhäusern der neben dem Neuen Garten liegenden Jäger- und Nauener Vorstädte — wenn jetzt auch befristet — fort.

Wir wollen in unsere Besichtigungen auch die dem Neuen Garten benachbarten Sehenswürdigkeiten der Siedlung Alexandrowka und des unvollendeten Schlosses Belvedere auf dem Pfingstberg sowie die auf der gegenüberliegenden Seite des Heiligen Sees befindliche Berliner Vorstadt einbeziehen.

Aus der Innenstadt von Potsdam ist der *Neue Garten* zu Fuß über die am Holländischen Viertel beginnende Straße der Jugend (früher Kurfürstenstraße) und weiter über die Behlertstraße und die sich anschließende Straße »Am Neuen Garten« zu erreichen. Autofahrer finden vor dem Portierhaus mit den beiden Tortürmen einen Parkplatz oder fahren über die Zugangsstraße des Schlosses Cecilienhof in den Park hinein und kommen dann zu zwei größeren Parkplätzen unweit vom Schloß.

Dem letztgenannten Weg folgt auch die Buslinie F (Hauptbahnhof — Bahnhof Wildpark — Neues Palais — Schloß Sanssouci — Platz der Nationen — Bassinplatz — Schloß Cecilienhof — Nauener Vorstadt). Empfehlenswert ist es auf jeden Fall, den Neuen Garten zu Fuß zu erschließen, und dazu an der Behlertstraße oder am Einfahrtstor zu beginnen.

Nahezu in Blickachse mit dem Marmorpalais befindet sich in der Behlertstraße 31 das 1796/97 errichtete *Haus der Gräfin*

Lichtenau. Es ist zwar schon für sich ein auffallend hübsches frühklassizistisches Bürgerhaus, doch besonders deswegen interessant, weil seine Bewohnerin die Ehefrau zur Linken von König Friedrich Wilhelm II. war — also seine Geliebte. Die »schöne Wilhelmine«, wie die gesellschaftlich aufgestiegene Bäckerstochter in Potsdam genannt wurde, war mit dem Kämmerer Ritz, dem Bauherrn des Hauses, verheiratet. Ihre Freude an dem Haus am Neuen Garten währte nur kurz, denn schon bald (1797) starb der König, und Gräfin Lichtenau mußte ausziehen.

Gegenüber vom Palais Lichtenau steht am Ende des Heiligen Sees der *Gotische Turm* der ehemaligen königlichen Bibliothek, die heute nach der Kriegszerstörung wie eine etwas schiefe Tempelruine aussieht. Sie war 1794 von dem Erbauer des Brandenburger Tors in Berlin, Carl Gotthard Langhans, fertiggestellt worden. War sie nun der Ort für ungestörte Schäferstündchen des Königs mit Wilhelmine, gar durch einen unterirdischen Gang mit dem Marmorpalais verbunden? Es ranken sich manche Legenden nicht nur um dieses Bauwerk.

Nicht weit davon hat die damals noch junge DDR 1951/52 ihre einzigen architektonischen Spuren im Neuen Garten hinterlassen: das *Haus der Jungen Pioniere Erich Weinert*, das ein Reiseführer von 1972 so beschreibt: »Geschlossene Gänge verbinden die einzelnen meist nicht sehr hohen Gebäude (Theatersaal, Vortragssaal, Turnhalle, Klubräume), so daß ein lockeres architektonisches Ensemble entsteht, das sich in die Landschaft einfügt.«

Wenn wir von der Bibliotheksruine am Seeufer entlang nach Norden gehen, stoßen wir bald auf ein zweites Stück Holland in Potsdam: die sogenannten *Holländischen Etablissements*. Sie liegen auf der linken Seite der am Portierhaus beginnenden Hauptallee (nicht zu verwechseln mit der abseits davon laufenden Fahrstraße nach Cecilienhof) und bestehen aus

Ähnlich dem Park von Sanssouci birgt auch der Neue Garten Gebäude sehr unterschiedlicher Art. Hier sind es die Backsteingebäude im niederländischen Stil, die Holländischen Etablissements im südwestlichen Teil des Parks.

mehreren Kavaliershäusern, einem Damenhaus und Ställen in Backsteinbauweise, dem Holländischen Viertel ähnlich. Die Etablissements sind ein Werk des deutschen Architekten Friedrich L. C. Krüger aus den Jahren 1789/90, also inzwischen über 200 Jahre alt, und wurden bis 1945 von der Dienerschaft des im Cecilienhof residierenden Kronprinzen Wilhelm bewohnt.

Hinter dem Damenhaus erstreckt sich die *Orangerie*, deren Kopfbau mit Säulen und einer steinernen Sphinx als »ägyptisches Portal« geschmückt ist. Das 1790 von Langhans errich-

Auch im Neuen Garten gibt es eine Orangerie mit großen Fenstern zur Südseite hin. Im Hintergrund rechts ist noch ein Gebäude der Holländischen Etablissements zu sehen — ein recht beliebter Winkel bei Spaziergängern.

tete Gebäude wird vielseitig genutzt: als winterliche Pflanzenhalle, sommerlicher Ausstellungsraum und auch demnächst wohl wieder als Konzertsaal.

Auf dem in Verlängerung der Hauptallee weiterführenden Weg erreichen wir nach rund 200 m das *Marmorpalais*. Das sich bis 1990 noch martialisch mit alten Geschützen, aber auch moderneren Raketen, Panzern und Mig-Düsenjägern umgebende Palais war in der DDR seit dem Jahr des Mauerbaus, 1961, das *Armeemuseum Potsdam* gewesen, später als Zweigstelle des zwanzig Jahre danach in Dresden eingerichte-

Diese nun schon historische Aufnahme vor der Wende erinnert mit der sowjetischen Rakete an die Nutzung des Marmorpalais als DDR-Armeemuseum.

ten Armeemuseums der DDR. Dazu der Potsdamer »Stadt-führer-Atlas« (um 1985) im schwülstigen Originalton: »Mit der Darstellung der fortschrittlichen militärischen Traditionen des deutschen Volkes und des Charakters und der Aufgaben der Nationalen Volksarmee sowie der Entlarvung des Militarismus leistet es einen Beitrag zur Propagierung der Friedenspolitik der DDR und zur Entwicklung des sozialistischen Patriotismus.«

Das auch holländisch anmutende Marmorpalais hat seine schönste Seite dem Seeufer zugewandt, es ist daher am besten von einem Boot oder einer kleinen Anlage an der gegenüberliegenden Seestraße in der Berliner Vorstadt zu sehen. Obwohl es eine Fassade aus Backsteinen besitzt, rechtfertigt das Palais seinen Namen insofern, als Fenstereinrahmungen, Wandvorsprünge und Bänder mit schlesischem Marmor gestaltet wurden. Über den Fenstern des Obergeschosses befinden sich Reliefs aus Sandstein mit Putten, welche die Landwirtschaft, die Fischerei und den Weinanbau bildlich darstellen. Der Bau wird von einem runden, mit großen Glasfenstern versehenen Belvedere gekrönt.
Die beiden eingeschossigen Seitenflügel an der Gartenseite wurden 1797 angefügt, weil das Palais zu klein geworden war, doch erlebte der königliche Bauherr Friedrich Wilhelm II. ihre Fertigstellung nicht mehr. Sie erfolgte erst durch seinen Nachfolger Friedrich Wilhelm IV. unter Mitwirkung von Persius. Das Palais diente allerdings erst nach einer Pause wieder als Wohnsitz zweier Prinzen, die später deutsche Kaiser wurden: Wilhelm I. wohnte darin von 1831 bis 1835 und Wilhelm II. von 1880 bis 1888. Der 1882 imMarmorpalais geborene Kronprinz Wilhelm bewohnte es vor der Fertigstellung von Schloß Cecilienhof. Seine ersten Söhne, die Prinzen Wilhelm, Louis Ferdinand und Hubertus, erhielten den linken Seitenflügel zur Wohnung.

Im Palaisinneren, dessen Gestaltung Carl G. Langhans geleitet hatte, befinden sich ein Grottensaal und ein großer Musiksaal an der Seeseite des Obergeschosses. Die Räume galten als »bemerkenswerteste Raumschöpfungen des frühen Klassizismus in Deutschland«. Wahrscheinlich wird ihre wertvolle Ausstattung nach der Auflösung des Armeemuseums wieder aus den Magazinen, wo sie sichergestellt war, in die Räume zurückgebracht werden. Es ist geplant, hier wieder ein Museum nach Art der Schlösser in Sanssouci einzurichten, doch ist das Marmorpalais vorerst nicht zugänglich.

Nur ein paar Schritte in südlicher Richtung von der Seeterrasse des Marmorpalais entfernt kann man am Ufer eine überraschende Entdeckung machen: Ein *römischer Tempel* scheint, wenn nicht vom Zweiten Weltkrieg, so doch wohl vom Erdbeben beschädigt worden zu sein, teilweise droht er sogar, im Erdboden zu versinken. Doch wer sich an den Ruinenberg hinter dem Schloß Sanssouci (s. Seite 68) erinnert, kommt schnell dahinter, daß es sich auch bei dieser Tempelruine um eine romantische Laune des Bauherrn und seines Architekten Gontard im Urzustand handelt. Tatsächlich war in dem Tempel die Küche des Marmorpalais untergebracht und mit dem Palais durch einen unterirdischen Gang verbunden.

Noch ein weiteres, den Besucher verblüffendes Gebäude gehörte zum Palais: die nördlich von ihm auf einer Wiese stehende graue *Steinpyramide.* Sie war sozusagen der »Kühlschrank« des Königs, denn sie wurde 1791/92 als Eiskeller erbaut und sollte mit ihrem Äußeren ebenfalls zum romantischen Charakter des Parks beitragen.

Am Seeufer folgen, ebenfalls in nördlicher Richtung, noch zwei Häuser, die schon vor der Anlage des Neuen Gartens existierten; sie sind als das *Rote Haus* und das *Grüne Haus* bekannt.

In Höhe des Grünen Hauses, bei dem der Heilige See sein Nordende erreicht hat, liegt *Schloß Cecilienhof*. Man erreicht es von der Pyramide oder vom Roten Haus aus auf schönen Parkwegen. Wenn man sich leicht links hält, läuft man direkt auf seine Rückseite mit dem Hoteltrakt und dem Tor zum Innenhof zu.

Eben noch beinahe in Holland, Ägypten und im alten Rom gewesen, meint man nun weniger vor einem Schloß, als vielmehr vor einem englischen Landsitz zu stehen. Abwechslungsreich gestaltete Fachwerkbauten sind malerisch um fünf Höfe und Gärten gelagert. Beachtenswert sind die unterschiedlich gemauerten Schornsteine, welche die Dächer beherrschen. Tatsächlich ist das der vom Kronprinzen Wilhelm gewünschte Stil gewesen, den sein Architekt Paul Schultze-Naumburg hier 1913−1917 − während der in Deutschland herrschenden Notzeit des Ersten Weltkriegs − für acht Millionen Goldmark verwirklicht hat. Kronprinz Wilhelm war nämlich als häufiger Gast seines englischen Onkels, des Königs Eduard VII., von dessen Lebensstil und Geschmack stark beeindruckt gewesen. Er wohnte mit seiner Frau Cecilie und sechs Kindern fast bis zum Kriegsende, nämlich bis Januar 1945, in dem Schloß. Es war allerdings seit dem Ende des Ersten Weltkriegs nicht mehr sein Eigentum, denn ein 1918 durchgeführter revolutionärer Volksentscheid erklärte das Anwesen zum Staatseigentum − mit bleibendem Wohnrecht für die Hohenzollern, die auch weiterhin auf den Rückerwerb der Kaiserkrone hofften. Wie bis zur Wende durch den Grenzbereich, war der Uferbezirk mit der seeseitigen Hauptfront des Schlosses auch zu Wohnzeiten der Kronprinzenfamilie gesperrt und nur vom Schiff aus sichtbar. Doch verkündete ein 1925 erschienenes Potsdam-Büchlein zum Trost: »Wer durch den Garten wandert, kann aber oft die Söhne des Kronprinzen sehen, wie sie mit ihren Schulkameraden Fußball spielen, und kann seine Freude haben an dem

Im östlichen Trakt des im englischen Landhausstil erbauten Schlosses Cecilien-hof tagte im Sommer 1945 die Potsdamer Konferenz der Siegermächte über Deutschland, an die heute noch die museal eingerichteten Räume erinnern.

ungezwungenen Betragen, an der Kraft und Gewandtheit des heranwachsenden Geschlechts.«

Die DDR-Geschichtsschreibung feierte das Schloß als Austra-gungsort der Potsdamer Konferenz von 1945. Ihre Beschlüsse sind bald schon von der sich entwickelnden Nachkriegswirk-lichkeit in zwei deutschen Staaten (statt wie in Potsdam noch vorgesehen, einem ganzen) weitgehend überholt worden: Entmilitarisierung, Umgestaltung des politischen Lebens auf demokratischer Grundlage, Vernichtung der übermäßigen Konzentration der deutschen Wirtschaftskraft. — Zur Konferenz selbst und den mit ihr verbundenen Gedenkräumen gleich mehr.

Die DDR hatte um 1960 die gewinnbringende Möglichkeit, in einem Teil der früheren Kronprinzenwohnung ein Hotel einzurichten, erkannt und es 1987 komfortabler ausbauen lassen. Es ist heute nicht nur die erste Adresse für Potsdams Gäste, sondern zählt auch zu den gefragtesten Unterkünften und Tagungsorten in der Ex-DDR.

Das Hotel umfaßt — laut Hotelprospekt — zwei Drittel der insgesamt 176 Schloßräume. Weiter heißt es dort: »Zu diesem Zweck mußten die ehemaligen Wohn- und Schlafräume, die Speisesäle und Arbeitszimmer der achtköpfigen Kronprinzenfamilie und ebenso die Wirtschaftsräume und Wohnzimmer des Hofpersonals und der Bediensteten umgestaltet werden. Dies geschah unter Mitwirkung des Instituts für Denkmalpflege. Die alte schöne Innenarchitektur ist erhalten geblieben. Nur dort, wo moderne Technologien Veränderungen erforderten, wurden nach Entwürfen des Potsdamer Restaurators Dieter Gräf neue Lösungen gefunden, die dem Stil der Erbauungszeit des Schlosses nachempfunden sind und sich in den Charakter des Hotels unauffällig einfügen.« Heraus kamen 42 recht unterschiedliche Hotelzimmer in zwei Etagen, darunter zwei Appartements und ein rustikales »Hochzeitszimmer«.

Die ehemalige »Freß-Bastille« der Kronprinzenfamilie, wie sie ihren damaligen Bankettsaal scherzhaft nannten, ist heute das Schloßrestaurant, das mit Holztäfelung, Kamin, gedämpfter Beleuchtung und mitunter stilgerechter Musikuntermalung vom Tonband eine nostalgische Atmosphäre schafft. Allerdings kann man hier heute nicht mehr zwischen einer russischen, einer amerikanischen und einer britischen Tafel sowie den dafür zuständigen Köchen wählen — das gab es nur einmal zur Potsdamer Konferenz, als die Delegationen hier speisten. Doch stehen die drei »Ländermenüs« wieder auf der

Speisekarte, und auch in einem anderen Raum kann man »historisch« tafeln: In der Wintersaison (Oktober bis März) lädt die Hoteldirektion sonntagabends zur »Blauen Stunde« in den historischen Marschallsaal des Schlosses zu künstlerischen und unterhaltsam-intellektuellen Darbietungen ein. Dazu wird ein schlichtes Essen serviert, wie es Friedrich der Große und sein Freund, der schottische Marschall George Keith, in Potsdam bei ihren geistreichen Plauderstunden einzunehmen pflegten: eine Vorspeise, ein Fisch- und ein Fleischgericht sowie ein Dessert.

Wer im Hotel wohnt, hat nur einen kurzen Weg, um über den zumindest bis vor kurzem durch einen roten Stern aus Blumen, der auf den russischen Marschall Schukow zurückgeht, geschmückten Gartenhof zum Nordflügel des Schlosses zu gelangen, wo die *Historische Gedenkstätte des Potsdamer Abkommens* als Museum auf interessierte Besucher wartet (täglich, außer am 2. und 4. Montag im Monat, von 9 bis 16.15 Uhr geöffnet). Zu alten DDR-Zeiten gehörte ihre Besichtigung zum unumgänglichen Pflichtprogramm jeder organisierten Potsdam-Busrundfahrt.

Werfen wir am runden Konferenztisch im Erkersaal, der eigens in Moskau angefertigt wurde und noch immer mit den amerikanischen, sowjetischen und britischen Fähnchen geschmückt ist, und in den sich anschließenden, noch weitgehend original eingerichteten Räumen der alliierten Delegationen einen kurzen Blick zurück in die frühe deutsche Nachkriegsgeschichte, die damals, kurz nach der Kapitulation am 8. Mai 1945, noch völlig durch die Besatzungsmächte bestimmt gewesen war:

Am 17. Juli 1945 trafen hier, mangels eines anderen Ortes im zerstörten Berlin, die drei Regierungschefs Harry S. Truman (USA), Josef W. Stalin (UdSSR) und Winston S. Churchill in Begleitung ihrer Außenminister erstmals zusammen — die

Franzosen waren noch nicht beteiligt. Die Delegationsmitglieder fanden im Potsdamer Ortsteil Babelsberg Unterkunft. Über den Jungfernsee war eigens von sowjetischen Pionieren eine Pontonbrücke angelegt worden. Bis zum 25. Juli fanden neun Sitzungen über das künftige Schicksal des besiegten Deutschland und die polnische Westgrenze statt. Dann erfolgte eine zweitägige Unterbrechung, weil in England Wahlen waren. Am 28. Juli löste der Wahlsieger Clement R. Attlee als neuer Premierminister Churchill in Potsdam ab. Nach vier weiteren Sitzungen wurde das berühmte Potsdamer Abkommen dann am 2. August 1945 unterzeichnet. Das Schloß wurde anschließend vorübergehend zum Kulturhaus für die in und um Potsdam sehr zahlreich stationierte Rote Armee.

Keine 100 m war übrigens die vom 13. August 1961 bis Ende 1989 undurchdringliche Mauergrenze am Ufer des Jungfernsees vom Konferenzraum entfernt — mancher arglose Spaziergang von Hotelgästen fand hier ein jähes Ende, und wer Fotos machte, geriet schnell in Spionageverdacht, was gelegentlich eine vorläufige Festnahme durch die bewaffneten »Grenzorgane« zur Folge hatte.

Man brauchte also nicht erst nach Berlin zu fahren, um die berüchtigte Mauer zu sehen. Und wer vom Schloß, vorbei am Grünen Haus und dem nördlichen Ufer des Heiligen Sees zur gegenüberliegenden Berliner Vorstadt wanderte, ging bis zum Hasengraben, dem Zufluß von der Havel, mit zwiespältigen Gefühlen an dem Monstrum entlang. — Mauerspuren zu suchen zählt sicher bald zu den weiteren Attraktionen in der über 200jährigen Geschichte des Neuen Gartens, den wir nun verlassen wollen.

Endziel der nächsten Tour ist die Heilandskirche in SACROW, deren Kampanile man schon vom Seeufer am Schloß aus erblickt. Doch vorher wollen wir uns ein Stück Rußland in

Eines der 13 im russischen Blockhausstil errichteten dörflichen Holzhäuser der Kolonie Alexandrowka am Nordende von Potsdams Innenstadt.

Potsdam anschauen, das älter ist als die sowjetische Besatzung nach dem Zweiten Weltkrieg: die KOLONIE ALEXANDROWKA. Sie beginnt am Ende der Friedrich-Ebert-Allee, auf gleicher Höhe wie die Toreinfahrt zum Neuen Garten, von der man auf der Johannes-Dieckmann-Allee schnell dorthin gelangt. Am Nordrand der Russischen Kolonie endet die Straßenbahnlinie 5 (Babelsberg — Platz der Einheit — Kapellenberg). Die Fernstraße 2 (Verlängerung der Friedrich-Ebert-Straße) durchschneidet einen Weg in seitenverkehrter S-Form, das ist die somit einem Andreaskreuz ähnelnde, von Lenné geschaffene Anlage, auf der die nach russischen Plänen errichteten 13 Holzhäuser stehen. Es sind im Blockhausstil verkleidete Fachwerkhäuser, deren Errichtung Friedrich Wilhelm III. aus Freundschaft zum russischen Zaren angeordnet hatte. Hier wohnten ab 1826 die zwölf russischen Chorsänger, die zunächst — zusammen mit weiteren Mitgliedern eines großen Chors — von den zunächst mit Napoleon verbündeten Soldaten des preußischen Generals Yorck gefangen genommen waren und später, bei der Allianz gegen Napoleon, im preußischen Heer gedient hatten. Das 13. Gehöft in der Mitte war für den deutschen Aufseher gebaut worden, denn die Sänger gehörten dem Potsdamer Ersten Garde-Regiment zu Fuß an. Doch ernährten sich die Bewohner später vorwiegend vom Obstanbau und der Vermietung von Sommerwohnungen. Den Namen »Alexandrowka« erhielt die Kolonie zu Ehren des 1825 verstorbenen russischen Zaren Alexander; sein Nachfolger Nikolaus kam zu ihrer Einweihung. Heute leben noch drei Nachkommen der Sänger, von denen 1861 der letzte gestorben war, hier.

Die zur Kolonie gehörende Kirche liegt abseits auf dem in nördlicher Richtung sich anschließenden Kapellenberg, auf den von allen vier Seiten Wege hinaufführen. Die hübsche kleine, zartrosa angestrichene *Alexander-Newski-Kapelle* — der Namensgeber war ein Heiliger — war 1829 von Militärbaumeistern nach Vorbildern in St. Petersburg entworfen worden; an der Innengestaltung war Schinkel beteiligt. Der Grundriß der mit fünf Zwiebeltürmen geschmückten Kirche ist quadratisch. Sie hat einen eigenen russisch-orthodoxen Popen, der in dem mit Original-Ikonen geschmückten schönen Innenraum Gottesdienste, zu denen russische Gesänge vom Tonband ablaufen, für seine wenigen Gemeindemitglieder aus Potsdam abhält.

Das bei der Kirche stehende russische Blockhaus diente dem Kapellenaufseher als Wohnung — und Friedrich Wilhelm III. manchmal als Teestube für seine Gäste.

Der nächste Berg an der Nedlitzer Straße (Fernstraße 2) ist, vom Kapellenberg nur durch die Puschkinallee getrennt, der *Pfingstberg*. Er wurde früher Judenberg genannt, da sich an seinem Abhang ein 1743 angelegter, zwischenzeitlich vergessener *Jüdischer Friedhof* befindet — die Judenverfolgung durch die Nazis hatte die Potsdamer jüdische Gemeinde ausgelöscht. Nach längerer Verfallzeit begann man 1988 mit Aufräum- und Instandsetzungsarbeiten, die nun zum Stadtjubiläum abgeschlossen werden sollen. Führungen über den Friedhof mit zahlreichen Grabsteinen aus den beiden vorigen Jahrhunderten veranstaltet die Potsdamer Gesellschaft »Urania«.

Der Pfingstberg lag bisher im Abseits Potsdamer Stadtbesichtigungen und touristischer Publikationen; abgesehen von den Einheimischen wußten nur wenige, daß oben, am Rande einer von der Nedlitzer Straße auf den Berg führenden schmalen Fahrstraße, die interessante Bauruine des zweiten Potsdamer *Belvedere* steht.

Ein steiler Fußweg führt rechts neben dem Jüdischen Friedhof hinauf. Das Belvedere ist ein Teilstück einer ursprünglich von Friedrich Wilhelm IV. und Persius geplanten Terrassenanlage mit Wasserkaskaden, die zum Neuen Garten hinunterführen

Das Belvedere auf dem Pfingstberg — hier die westliche Rückseite — wartet auf seine Rekonstruktion, um dann mit seiner Terrasse endlich als Aussichtspunkt weit über die Havel nach Berlin zu dienen.

sollte, wo sie in der Nähe des Marmorpalais ausgekommen wäre. Schon Friedrich Wilhelm II. hatte über 50 Jahre vorher die Errichtung eines Schlosses auf diesem Platz geplant, von dem man eine herrliche Aussicht über die Havel bis zur Berliner Pfaueninsel und zum Grunewald hat. Daher auch der Name »Belvedere« für diese dem Mitteltrakt der Orangerie von Sanssouci gleichenden Doppelturmanlage mit Terrasse, an die zwei lange Seitenflügel mit Säulengängen angebaut sind. In der Mitte des wegen Einsturzgefahr unzugänglichen Komplexes befindet sich ein Innenhof mit großem Wasserbecken, das, ähnlich wie das Bassin auf dem Ruinenberg von Sanssouci, die Aufgabe hatte, die Wasserspiele im Neuen Garten zu versorgen. Der Vorhof ist an zwei Seiten von Kolonnaden eingerahmt. Das Bauwerk wurde in zwei Phasen zwischen 1849 und 1860 errichtet.

Unterhalb davon liegen in der von Lenné gestalteten, bis in die achtziger Jahre hinein stark verwilderten Gartenanlage die Reste des kleinen *Pomonatempels*, einst ein Gartenpavillon in einem Weinanbaugebiet — das erste Schinkelsche Bauwerk in Potsdam (1800/01). Der Wiederaufbau des erst in der Nachkriegszeit verwüsteten Tempels ist geplant.

Im gesamten Bereich kampierten bis vor kurzem wild deutsche und russische Gruppen, randalierten, grillten und ließen Bierflaschen herumliegen. Doch seit 1988 kümmert sich eine eigens gegründete »Arbeitsgemeinschaft Pfingstberg« um die Rekultivierung des Parks, in dem kurz vor der Wende Potsdamer Oppositionelle zu einem »Pfingstbergfest« zusammentrafen. Es wird noch eine Weile dauern, bis die rekonstruierte Pfingstberganlage zu einem weiteren Anziehungspunkt in Potsdam werden wird.

Nachdem durch den Fall der Berliner Grenzanlagen die kleine Heilandskirche an der Havel (gegenüber der großen Insel des Berliner Ortsteils Wannsee) wieder zugänglich geworden ist, sollte man nicht versäumen, sie bei einem längeren Potsdam-Aufenthalt aufzusuchen. Sie liegt beim rund 14 km von Potsdams Innenstadt entfernten Dorf SACROW, zu dem man über die Fernstraße 2 (die 1844 angelegte Chaussee nach Spandau) in nördlicher Richtung, vorbei an Alexandrowka, dem Pfingstberg und ausgedehnten sowjetischen Kasernenanlagen, fährt.

Auf der von den Wasserverbindungen zwischen Weißem See und Jungfernsee gebildeten kleinen Insel bei NEDLITZ lohnt sich ein kurzer Stop, um von der ersten Brücke, der Südbrücke, aus die auf dem Kanal verkehrenden Frachtschiffe auf ihrem Wege von und nach Berlin zu betrachten. Das alte *Brückenhaus* ist der Rest einer von Persius und Stüler 1853/54 gebauten Brücke, die 1938/39 einer neuen weichen mußte. Wir durchqueren dann die Gemeinde NEU-FAHRLAND und biegen hinter KRAMPNITZ zu der Straße nach Sacrow rechts ab. Diesen Weg nimmt auch die Buslinie S ab Bassinplatz. Nachdem die Straße den Lehnitzsee passiert hat, durchquert sie schnurgerade das *Landschaftsschutzgebiet Königswald*. Hinter dem Wald führt die Straße weiter zum Dorf Sacrow, das zwischen dem Sacrower See und der Havel, hier schräg

Die nach Entwürfen Friedrich Wilhelms IV. erbaute Heilandskirche in Sacrow gleicht mit ihrem Glockenturm der Friedenskirche im Park von Sanssouci.

gegenüber der Pfaueninsel, liegt. Wenn man nach rechts über das ehemalige Grenzgelände fährt, auf dem nur noch der Fahrweg für die Grenzpatrouillen zu sehen ist, nicht aber mehr die Mauer, kommt man zur *Heilandskirche*.

Sacrow durfte bis zum Fall der Mauer im November 1989 nur mit Sondergenehmigung betreten werden. 28 Jahre lang hatte die Gemeinde in ihrer Kirche keinen Gottesdienst mehr erleben können, bis zu Weihnachten 1989 wieder eine vielbeachtete Christvesper stattfand.

Die 1841—1844 nach Skizzen des Italienliebhabers Friedrich Wilhelms IV. von Persius erbaute romanische Backsteinkirche war mit ihrem freistehenden Kampanile sozusagen eine architektonische Fingerübung für die später entstandene größere Friedenskirche (s. Seite 56). Ähnlich wie jene ist auch die Heilandskirche ins Wasser hineingebaut, wobei sie sich von einer vorgelagerten kleinen Landzunge aus besonders fotogen darbietet.

Sicher sind die kleine Kirche und ihre erholsame Umgebung mit einem von Lenné gestalteten Landschaftspark inzwischen wieder ein Wallfahrtsort (mit Schiffsanlegestelle) für Berliner Ausflügler geworden, die sie bislang nur übers Wasser sehen konnten. Immerhin hatte die mit West-Berliner Mitteln vor wenigen Jahren ermöglichte Renovierung zu einem verschönten Anblick des unerreichbaren Kleinods beigetragen.

Abschließend führt uns noch ein kurzer Besuch in die BERLINER VORSTADT von Potsdam, ein Villenviertel, das durch zwei große Kasernenkomplexe am Beginn ihrer »Halbinsel« an der Behlertstraße von der Potsdamer Altstadt getrennt war. Sie liegt zwischen dem Heiligen See und dem Tiefen See und ist über die Glienicker Brücke mit Berlin-Wannsee verbunden. Die alte Reichsstraße 1 führt nunmehr wieder über die Brücke und als Berliner Straße durch die Vorstadt auf kürzestem Weg von Berlin in die brandenburgische Landeshauptstadt (s. Seite 14).

Die Berliner Vorstadt zeigt einige ehemals repräsentative Wohnhäuser, die unter DDR-Verhältnissen ziemlich heruntergekommen sind. Sie lohnen einen Spaziergang durch Straßen zwischen der Berliner Straße und dem Heiligen See.

Zwei empfehlenswerte Spazierwege führen von Potsdams Zentrum in die Berliner Vorstadt: Vom Neuen Garten (Schloß Cecilienhof) über die Landzunge zwischen Havel und Heiligem See, den Hasengraben auf der Schwanenbrücke oder der Brücke an der Tizianstraße überquerend. Oder dem Weg vom Gotischen Turm (der Bibliotheksruine) auf dem rechten Ufer des Heiligen Sees über die Mangerstraße.
Wenn man den ersten Weg über Schwanenbrücke und Schwanenallee wählt — wohin man übrigens auf dem zweiten auch gelangt, wenn man von der Manger- über die Seestraße

(hier schönster Ausblick auf das Marmorpalais!) und die Böcklinstraße weitergeht —, kommt man zu zwei Sehenswürdigkeiten am Havelufer.

Hier befand sich die ehemalige kaiserliche Matrosenstation, seit 1922 kaiserlicher *Yachtklub,* vor dem bis 1934 die alte Fregatte »Royal Louise« malerisch im Wasser dümpelte — etwas Phantasie ist gefragt. Keine Phantasie braucht man mehr, wenn man an der *Glienicker Brücke* den Namen »Brücke der Einheit« liest. An ihrer Stelle bestand schon zur Zeit des Großen Kurfürsten im 17. Jahrhundert eine Holzklappbrücke. Die heutige Eisenbrücke wurde in Ablösung der 1831—1834 errichteten Schinkelschen Steinbrücke 1907/08 erbaut und nach ihrer Kriegszerstörung 1950 wieder aufgebaut. Am 13. August 1961 wurde sie für den allgemeinen Verkehr gesperrt, nur die Wagen der in der Berliner Vorstadt am Ufer des Heiligen Sees residierenden Alliierten Militärmissionen durften sie passieren — und es fanden die spektakulären Agentenaustausch-Aktionen statt. Nun können auch die am Havelufer wohnenden Potsdamer ihr Grundstück voll nutzen, sie sind nicht mehr Grenzbereich.

Friedrich Wilhelm III. ließ 1795 die Neue Königsstraße bauen, aus der später die Berliner Straße geworden ist. Auf ihr verkehrt die Straßenbahnlinie 3 (Bahnhof Rehbrücke — Alter Markt — Platz der Einheit — Glienicker Brücke). Hinter der Auffahrt zur neuen Humboldtbrücke über dem Tiefen See liegt rechts die große Kaserne der früheren Garde-Husaren. Etwas weiter folgte am Seeufer die kaiserliche Waschanstalt, in der höchstselbige Wäsche gewaschen wurde — bis zur Betriebseinstellung im Dezember 1918, denn Wilhelm II. war inzwischen ins holländische Doorn geflohen. Auf der linken Seite der Berliner Straße lag gegenüber die »Königliche Handels- und Gewerbeschule für Mädchen, eine neu erbaute Musteranstalt, einzig in ihrer Art« — so war es 1908 bei ihrer Einweihung zu lesen, und weiter hieß es dann, schon recht modern: »Der Besuch der Anstalt sichert Mädchen aller Stände berufliche Selbständigkeit«. Immerhin aber befanden sich sonst noch an dieser Straße zahlreiche militärische Bauten, von denen manche noch an ihrem burgartigen Baustil erkennbar sind.

Über den Tiefen See haben wir hier und dort schon mal hinüber zum Park Babelsberg blicken können. Er ist unser nächstes Ziel.

In diesem noch orginalgetreu eingerichteten Raum des Schlosses Cecilienhof fand im Juli und August 1945 die Potsdamer Konferenz statt.

Kronprinz Wilhelm ließ sich während des Ersten Weltkriegs das Schloß Cecilienhof als Wohnsitz erbauen (oben). Heute beherbergt es ein Hotel. Am Ende des Heiligen Sees steht die Ruine der ehemaligen Bibliothek Friedrich Wilhelm II., sie wurde 1945 kriegszerstört (unten).

Die russische Kolonie »Alexandrowka« besitzt auf dem Kapellenberg eine eigene russisch-orthodoxe Kapelle, in der wieder Gottesdienste abgehalten werden (oben). Die Heilandskirche in Sacrow, erbaut von Persius, ist nach dem Fall der Mauer wieder zugänglich (unten).

Am Ufer des Tiefen Sees liegt im Park Babelsberg das Kleine Schloß, ehemals Damenhaus und heute Restaurant (oben). Ein Teil von Babelsberg ist die ehemalige Weberkolonie Nowawes (unten). Beleuchtungsprobe in der »Traumfabrik«, beobachtet bei den Dreharbeiten zu einem Spielfilm in den DEFA-Studios in Potsdam-Babelsberg (rechts).

Die sich streckenweise zu großen Seen erweiternde Havel bietet vom Schiff aus malerische Uferzonen mit Wochenendhäusern (oben). In dem ehemaligen Schifferdorf Caputh setzt immer noch eine Seilfähre Autos über die Caputher Gemünde nach Geltow über (unten).

Das Wahrzeichen der Inselstadt Werder ist die Kirche »Zum Heiligen Geist«
(oben). Werder ist das beliebteste Ausflugsziel der Berliner und Potsdamer. Am
Ufer der bei Werder sehr breiten Havel findet man noch Fischernetze, Schilfzo-
nen und ankernde Boote (unten).

Am gotischen Brandenburger Dom St. Peter und Paul wurde fast 700 Jahre gebaut. Er liegt auf einer der drei Inseln der Stadt, umgeben von der Havel.

Babelsberg — Schloßpark und Filmstadt

Etwas stiefmütterlich kommen bei kurzen Potsdam-Aufenthalten der Park und das Schloß von Babelsberg weg, während man von der Filmstadt mit ihren UFA- und DEFA-Epochen schon eher mal etwas gehört hat — wenn auch mehr im Zusammenhang mit Berlin als mit Potsdam. Und doch sind diese drei wesentlichen Begriffe, die sich mit dem erst 1938 gebildeten Ortsnamen Babelsberg verbinden, spätestens seit der 1939 erfolgten Eingemeindung von Babelsberg in die Stadt Potsdam mit dieser eng verbunden. Wer sich für die preußische Geschichte, und da besonders für die des letzten Jahrhunderts, interessiert, kommt am wilhelminischen *Schloß Babelsberg* nicht vorbei.

Wie gelangt man nun vom Hotel oder von POTSDAM (Zentrum) aus dorthin? Mit dem Auto fährt man am besten vom Alten Markt aus über die Lange Brücke und dann hinter dem Bahngelände nach links weiter über die Friedrich-Engels-Straße bis zum Lutherplatz in Babelsberg, um dort nach links in die Karl-Liebknecht-Straße (früher Priesterstraße) abzubiegen, an deren Ende der Park Babelsberg liegt. Auf letztgenannte Straße stößt man auch von der erst 1978 eingeweihten Humboldtbrücke — dem schnellsten Weg vom Hotel Cecilienhof —, indem man bei der zweiten Abfahrt der Schnellstraße aus zunächst über die Rudolf-Breitscheid-Straße fährt und dann nach dem links gelegenen Krankenhaus ebenfalls nach links in die Karl-Liebknecht-Straße abbiegt.

Von BERLIN aus fährt man entweder über die Avus und weiter durch die ehemalige Grenzübergangsstelle Dreilinden/Drewitz bis zur ersten Ausfahrt (Potsdam) oder über den südlichen Autobahnring, um dann auf die ins westliche Berlin führende Autobahn abzubiegen und ebenfalls zu der genannten Ausfahrt zu gelangen. Der Weg führt dann weiter über die Ernst-Thälmann-Straße (ehedem Großbeerenstraße), vorbei am DEFA-Filmgelände, bis zum Anfang der Karl-Liebknecht-Straße.

Der erstgenannte Weg von Potsdam aus hat den Vorteil, daß wir uns noch etwas mit der TELTOWER VORSTADT befassen können – als Anregung für Erkundungen auf Potsdams linker Havelseite.

Hinter der Langen Brücke (s. Seite 21) liegt zunächst auf der linken Seite der ehemalige Potsdamer Hauptbahnhof, der nicht nur beim Bombenangriff im April 1945 weitgehend zerstört wurde, sondern auch durch den Bau der Berliner Mauer 1961 zum unbedeutenden Bahnhof Potsdam-Stadt herabgestuft wurde: Die Interzonenzüge, wie die früher von Berlin ins Bundesgebiet fahrenden D-Züge anfangs hießen, rauschten, von der »Taigatrommel« (einer schweren russischen Diesellok) gezogen, ohne Halt durch Potsdam. Vorher war allerdings im Babelsberger Grenzbahnhof Griebnitzsee das Kontrollpersonal eingestiegen.

Der DDR-interne Fernverkehr verlief auf dem schon Ende der fünfziger Jahre zur Umgehung der »Frontstadt Westberlin« (DDR-Jargon) ausgebauten Berliner Außenring der Reichsbahn, einer vormaligen Güterzugstrecke. Diese Strecke wurde auch bis zur Wende ausschließlich für den Zugverkehr von (Ost-)Berlin nach Potsdam benutzt, was mit dem »Sputnik«, einem mit zweistöckigen Wagen fast stündlich fahrenden Nah-»Schnell«-Verkehrszug, zwar rund eine Stunde dauerte (Zwischenaufenthalte auf freier Strecke nicht mitgerechnet), dafür aber nur den billigen S-Bahntarif kostete. Auch heute ist diese, vom Berliner Hauptbahnhof (Ostbahnhof) über den Flughafen Schönefeld führende Strecke noch in Betrieb; sie endet im neuen Hauptbahnhof in Potsdam, der 1960 ziemlich außerhalb der Stadt in der Pirschheide eröffnet worden ist. Dazu mußte erst ein 1,3 km langer Eisenbahndamm durch den Templiner See (s. Seite 136) aufgeschüttet werden. Den Anschluß zum Stadtbahnhof besorgte von dort aus, wenn man nicht mit der Straßenbahn fuhr, ein Schienenbus, der wohl kaum den Namen »Preußenblitz« verdient hatte.

Damit zurück zum alten Hauptbahnhof: In seiner Nähe war die Endstation der am 29. Oktober 1838 eröffneten Verlängerung der knapp drei Wochen vorher eingeweihten ersten Eisenbahn in Berlin, nämlich der Strecke vom Potsdamer Bahnhof in Berlin-Mitte über Zehlendorf nach Potsdam. Diese lag somit vor den Toren der Stadt, wie es damals für die Dampfrösser noch üblich war. Die Urstrecke besteht heute noch zum größten Teil, wenn auch durch die Zerstörung von Potsdamer und Anhalter Bahnhof nicht mehr als Fernstrecke: außerdem ist sie 1961 zwischen Düppel und Griebnitzsee durch die hier etwa parallel verlaufende Grenze unterbrochen worden. Daher verläuft der heutige Bahnverkehr vom westlichen Berlin nach Potsdam über die Wannseebahn.

1844 kaufte eine inzwischen gegründete Potsdam-Magdeburger Eisenbahngesellschaft die Berlin—Potsdamer Bahn auf und verlängerte sie 1844—1846 bis nach Magdeburg, von wo aus man weiter ins westliche Deutschland und sogar schon bis Paris fahren konnte. 1846 entstand auch der alte Hauptbahnhof. Die Strecke Potsdam—Magdeburg und weiter nach Helmstedt ist übrigens auch die obenerwähnte Interzonenzugstrecke gewesen.

Aus der ersten Eisenbahn erwuchs Potsdams Bedeutung als Eisenbahnstadt, verkörpert durch das Reichsbahnausbesserungswerk in der Teltower Vorstadt, das bis 1945 der größte Industriebetrieb der Stadt war und bald wieder aufgebaut wurde. Außerdem gab es in Babelsberg — genauer: am Bahnhof Drewitz — die bedeutende Lokomotivenfabrik von Orenstein & Koppel (später »Karl-Marx-Werk« — schließlich ohne Lokomotivbau). Zur wichtigen Industrie des Stadtteils gehören auch die Schallplattenfabrik (Elektrola, später VEB Deutsche Schallplatten) und bis zum letzten Krieg auch die Arado-Flugzeugwerke.

Zwei Berge verdienen in der von der Havel in Richtung Babelsberg, Michendorf und Saarmund sich erstreckenden Teltower Vorstadt noch eine Erwähnung: der *Brauhausberg* (88 m) und der *Telegraphenberg* (94 m). Ersterer, weil auf ihm nicht nur der bereits (s. Seite 18) erwähnte Potsdamer »Kreml« — zuletzt Amtssitz des Ersten Sekretärs der Bezirksleitung Potsdam der SED, Günther Jahn — lag, sondern in dessen Nähe auch die Gaststätte »Minsk«. Sie wurde in einem alten Potsdam-Stadtführer als »belorussische Nationalitätengaststätte« angepriesen, während ein neuer über sie sagt: »Häßlicher Neubau mit gutem bis durchschnittlichem Essen. Abends schöner Blick auf Potsdam.« Letztere Aussage gilt der großen Sommerterrasse, mit der das »Minsk«, wenn auch nicht an derselben Stelle, die Tradition von »Wackermanns Höhe«, dem Spezialausschank des früher beliebten Potsdamer Stangenbiers — einer Mischung aus Alt- und Jungbier — fortzusetzen versucht. Von dessen Herstellungsstätte hat der Brauhausberg seinen Namen erhalten. Vielleicht kommt beides wieder, das Ausflugslokal und das Stangenbier. Jedenfalls hat man vom Brauhausberg, wenn man die Treppe neben dem »Minsk« hinaufgestiegen ist, einen guten Blick auf die Havel mit der großen Potsdamer Insel Hermannswerder und die Stadt.
Der *Telegraphenberg*, zu dem von der Hauptkreuzung hinter der Eisenbahnbrücke die Einsteinstraße hinaufführt, hat seinen Namen wegen der hier früher gelegenen vierten Station

der 1832 eingerichteten optischen Telegraphie-Strecke von Berlin nach Koblenz (wie sie funktionierte, zeigt übrigens ein kleines Museum im Telegraphenturm von Köln-Flittard). Der Name der Straße weist nicht nur auf den großen Gelehrten Albert Einstein, sondern insbesondere auf den 1920 zur Demonstration seiner berühmten Relativitätstheorie gebauten *Einsteinturm* hin. Dieser 1920/21 nach Plänen des Architekten Erich Mendelsohn errichtete stromlinienförmige 20 m hohe Betonturm kann nur an Wochenenden von 10 bis 12 Uhr angeschaut werden, da er am Ende eines Geländes liegt, das der Akademie der Wissenschaften gehört. (Führungen im Inneren finden durch die Potsdamer Urania-Gesellschaft und die Berliner Wilhelm-Foerster-Sternwarte statt.) Hier befinden sich in einem Park noch weitere Observatorien und wissenschaftliche Institute vom Ende des vorigen Jahrhunderts. Auch auf dem Einsteinturm befindet sich seit 1924 ein Zeiss-Teleskop, mit dem heute die Sonnenoberfläche beobachtet wird.

Ältere Fotografen werden sich vielleicht noch an die bis in die fünfziger Jahre vor allem im europäischen Ausland gebräuchliche Angabe der Lichtempfindlichkeit von Fotoplatten und Filmen in Scheiner-Graden erinnern: Prof. Julius Scheiner war der Hauptobservator vom Telegraphenberg und liegt seit 1913 auf dem Potsdamer Alten Friedhof begraben.

Doch nun endlich nach Babelsberg, das heißt, zunächst zu unserem dortigen Hauptziel, dem Park, in dem auch das Schloß liegt.

Vorher aber noch eine Bemerkung: Die als Zufahrtsstrecke bereits genannte Karl-Liebknecht-Straße verläuft durch den ehemals selbständigen Ort NOWAWES, den die Nationalsozialisten wegen seines hohen SPD- und KPD-Anteils in der Bevölkerung 1938 von der Landkarte tilgten, als sie die mit der Villenkolonie Neubabelsberg vereinigte neue Kommune

»Babelsberg« nannten. Der Name Nowawes stammte zudem von der tschechischen Übersetzung für den Ort Neuendorf: »nowa ves«. So nannten die tschechischen Emigranten ihre hier ab 1750 auf Veranlassung von Friedrich dem Großen gegründete Weber- und Spinnerkolonie. Reste der alten eingeschossigen Weberhäuschen entdeckt man unter anderem noch an der Straße »Alt Nowawes« (früher Wilhelmstraße) und am Weberplatz (östlich neben der Karl-Liebknecht-Straße). Auf dem Weberplatz steht neben hohen Eichenbäumen die vom Schöpfer des Holländischen Viertels, Johann Boumann, 1752/53 für die böhmischen Einwanderer erbaute *Friedrichskirche.*

Es muß noch nachgeholt werden, wie man mit *öffentlichen Verkehrsmitteln* von Potsdam Zentrum zum Park von Babelsberg kommt: mit den Straßenbahnlinien 4 oder 5 bis zur Haltestelle »Kulturhaus« an der Karl-Liebknecht-Straße und weiter mit dem Obus-Linie B zur Endstation »Sternwarte«.

Park Babelsberg erfreut seine Besucher durch seinen waldähnlichen, von einer Hügellandschaft geprägten Charakter mit einem schönen Ufergebiet am Tiefen See. Er geht in seiner Entstehung auf einen vom Großen Kurfürsten im 17. Jahrhundert angelegten Tiergarten zurück, aus dem der erste preußische König Friedrich I. Anfang des 18. Jahrhunderts einen Forstwald machte. Erst rund 100 Jahre später erhielt der spätere Kaiser Wilhelm I. als Prinz von seinem Vater Friedrich Wilhelm III. einen Teil des Waldes in Erbpacht. Er ließ Lenné den Wald als Park erschließen, was nach 1843 Fürst Pückler-Muskau fortführte, und Schinkel das Schloß erbauen. Die meisten anderen Bauten im Park stammen von Heinrich Strack. Der Park ist seit 1960 wiederhergestellt worden, wobei es um die Beseitigung von Wildwuchs und Freilegung von Fernsichten ging.

In den Park hinein führen mehrere Eingänge. Wir wählen den zu den oben beschriebenen Auto-Anfahrtrouten nächstliegenden und biegen von der Karl-Liebknecht-Straße in die Grenzstraße ab, wo wir bis zur Ecke an der hier endenden Straße »Alt Nowawes« fahren. Dort liegt eines der nach Persius-Plänen erbauten Pförtnerhäuser, und hier beginnt der meist empfohlene Rundweg.

Auch an der Obus-Haltestelle geht es in den Park hinein und dann gleich nach links zum Rundweg. Hier soll dieser Weg nicht im einzelnen verfolgt, sondern nur anhand der Beschreibung der wichtigsten Sehenswürdigkeiten ein Überblick gegeben werden, der allerdings einer von einem Weg bestimmten Reihenfolge entspricht.

Vom eben genannten *Pförtnerhaus* wendet man sich zunächst nach links und dann vor einer Senke nach rechts. Die Senke ist der ausgetrocknete »Große See«, der früher mit Havelwasser gespeist worden war. Wir folgen dem Weg immer weiter geradeaus, bis vor uns auf einer Anhöhe der *Flatowturm* auftaucht. Der 1853–1856 nach dem Vorbild des Eschenheimer Tors in Frankfurt am Main erbaute Turm stand früher inmitten eines Wasserbeckens. Sein Name geht auf das gleichnamige westpreußische Gut des späteren Kaisers Wilhelm I. zurück, aus dessen Einkünften er den als Gästehaus und für seine Sammelstücke benötigten Bau bezahlte. Frühestens ab 1991 bietet der inzwischen jahrelang rekonstruierte Flatowturm, in den auch eine Turmwächterwohnung eingebaut wurde, von seiner Plattform wieder einen ausgezeichneten Rundblick auf den Park, die Berliner Vorstadt, die Innenstadt und Babelsberg.

Der vor der Schnellstraße liegende See ist der nach den früheren Hofgärtnern benannte »Kindermannsee«, an dessen Ufer das sehr alte *Kutscherhaus* liegt. Eigentlich müßte es »Winzerhaus« heißen, denn hier befand sich zu Beginn des

Im Park Babelsberg kann man einige architektonische Entdeckungen machen, darunter das Matrosenhaus in der Nähe des Tiefen Sees mit seinen Patriziergiebeln. Es war das Wohnhaus der Matrosen des Prinzen Wilhelm.

19. Jahrhunderts die Wohnung des Winzers für den ehemaligen Weinberg am Flatowturm. Unterhalb des Turms kann man über die »Große Brücke« gehen, eine über eine kleine Schlucht führende Holzbrücke mit bizarrem Geländer aus ineinandergeflochtenen Baumzweigen.

Nordöstlich vom Flatowturm steht auf der Lennéhöhe seit 1872 die damals hierhin »verpflanzte« gotische *Gerichtslaube*, ein zweistöckiges Gebäude, dessen Ursprung auf das 13. Jahrhundert zurückgeht. Es war vorher Teil des alten Berliner Rathauses (Vorgängerbau des jetzigen Roten Rathauses) gewesen und hatte dort Gerichts- und Ratssitzungen sowie Hochzeiten gedient. Wer genau hinschaut, der entdeckt am südwestlichen Pfeiler die Spottfigur eines hockenden Vogels mit grinsendem Menschengesicht und Eselsohren, den sogenannten Kaak.

Das nächste Gebäude, dem wir uns zuwenden, ist das unterhalb des Flatowturms in Richtung Tiefer See gelegene *Matrosenhaus*, in dem seit 1842 die Matrosen für die kleine See-»Flotte« des Prinzen wohnten. Seine Patrizierhaus-Fassaden gleichen dem Rathaus von Stendal in Sachsen-Anhalt.

Von hier aus gehen wir hinunter zum Seeufer, um in östlicher Richtung auf das *Kleine Schloß* (1841/42) zu stoßen. Es war das Hofdamen-Wohnhaus, das allerdings zuvor von dem 99-Tage-Kaiser Friedrich III. als Kronprinz bewohnt worden war. Nach dem letzten Krieg war es zunächst ein Erholungsheim für die DEFA-Filmleute, heute befindet sich ein gemütliches Caférestaurant darin.

Gleich oberhalb vom Kleinen Schloß, über eine Treppe erreichbar, liegt der *Marstall.* Hier waren die Kutschen und Pferde des Prinzen untergebracht. Von hier aus halten wir uns auf halber Höhe links und kommen bald zum *Pleasure Ground* des Schlosses. Die von Lenné geschaffene gärtnerische Anlage mit ihrer Rasenfläche und dem Durchblick zum Tiefen See hatte als Schauplatz für die große Ballettszene im ersten abendfüllenden deutschen Farbfilm »Frauen sind doch bessere Diplomaten« (UFA, 1939—1941) gedient, in der Marika Rökk nach der Musik von Franz Grothe »Einen Walzer für dich und für mich« tanzte. Diese Szene machte besondere Schwierigkeiten mit der damals noch jungen Farbfilmtechnik: Die Wiese erschien je nach Tageszeit der Aufnahmen in gelblichem oder mehr bläulichem Farbton.

Bis Anfang 1990 reichten noch die Sperranlagen der Grenze vor dem Ufer der nach West-Berlin hinüberreichenden Havel bis an den Pleasure Ground heran. Man war als Spaziergänger unterhalb des Schlosses fast auf Tuchfühlung mit den Grenzwächtern. Der sich anschließende nördliche Teil des Parks — auf dem Lageplan in einer 1984 herausgegebenen Broschüre »Der Park Babelsberg« bezeichnenderweise ein weißer Fleck — konnte nicht betreten werden. Die Broschüre sagt dazu: ». . . durch die Sicherung der Staatsgrenze und die Errichtung der Akademie für Staats- und Rechtswissenschaft der DDR auf dem Parkgelände sind heute wesentliche Teile des Parkes nicht mehr zugänglich.« Dazu gehörte auch das am Ufer der Glienicker Lake stehende Maschinenhaus von Persius (1843—1845), eine neugotische »Burg« mit in den See hineingebautem hohen Schornstein, das ähnlich der Potsdamer »Moschee« (s. Seite 34) die Aufgabe hatte, Havelwasser zur Bewässerung des Parks und zur Versorgung der Fontänen hochzupumpen. In der Havel befand sich auch ein »Geiser«, aus dem eine 40 m hohe Fontäne in den Himmel schoß — alles das ist durch Grenzanlagen und Grenzer sehr in Mitleidenschaft gezogen worden. Seitdem schweigen auch die Wasserspiele im Park.

Für ein *Schloß* in Babelsberg, auf dessen schönen Platz Lenné den Prinzen Wilhelm (später Kaiser Wilhelm I.) aufmerksam gemacht hatte, als er für sich nach einem Sommersitz suchte, hatten bereits verschiedene Pläne von Schinkel und Persius vorgelegen, bis Schinkel 1833 mit der Errichtung eines Schlosses im neugotisch-englischen Stil beauftragt wurde. An den Plänen beteiligte sich auch Prinzessin Augusta. Am Geburtstag des Prinzen, am 18. Oktober, wurde 1835 das dem englischen Schloß Windsor ähnelnde Schloß eingeweiht. Mit

*Rückseitiger Anblick des neugotischen Schlosses Babelsberg, des Lieblingswohn-
sitzes von Kaiser Wilhelm I. Seine Räume werden nunmehr wieder im ursprünglichen Stil eingerichtet und dann zugänglich gemacht werden.*

seinen gelben Klinkersteinen, vielen Türmen und Zinnen
sieht es romantisch-malerisch aus. 1849, nach Schinkels Tod,
wurde der Bau des Westflügels mit hohem achteckigen Tanz-
saal am Übergang zum älteren Teil unter Mitwirkung von
Heinrich Strack vollendet.

1908 bestand vorübergehend der Plan, das Schloß als
Wohnsitz für den Kronprinzen Wilhelm (Sohn von Wil-
helm II.) zu erweitern, doch wurde statt dessen dann das Schloß
Cecilienhof im Neuen Garten erbaut. Schloß Babelsberg

ist dafür als Lieblingswohnsitz von Wilhelm I. in die Geschichte eingegangen. Er verbrachte von 1835 an bis zu seinem Tod im Jahre 1888 jeden Sommer hier und »weihte« Babelsberg — wie es in einem Potsdam-Band von 1925 heißt — »durch die unvergleichliche Persönlichkeit des ersten deutschen Kaisers mit seiner schlichten Hoheit und einfachen Würde, mit seiner Herzensgüte und gewinnenden Freundlichkeit . . .«

Im September 1862 hatte im Park von Babelsberg seine berühmte Unterredung mit Otto Graf von Bismarck stattgefunden, in deren Verlauf Wilhelm, in einer Regierungskrise mit seiner Abdankung als König drohend, den ihm treu ergebenen Bismarck zum Ministerpräsidenten von Preußen ernannt hatte. Bismarck regierte selbstherrlich und einte die deutschen Fürstentümer. Nach dem Sieg über Frankreich von 1871 wurde Wilhelm I. Deutscher Kaiser und ernannte Bismarck zu seinem Reichskanzler.

Die Schloß-Einrichtung ging größtenteils 1945 in den Kriegswirren verloren, der Rest wurde magaziniert. Zunächst waren hier die Akademie für Staats- und Rechtswissenschaft der DDR und dann die Filmhochschule untergebracht, die jedoch später eigene Gebäude in Babelsberg erhielten, so daß 1963 das Museum für Ur- und Frühgeschichte ins Schloß einziehen konnte. Die Schloßräume sollen bald wieder in ihrer ursprünglichen Form zu besichtigen sein.

Man kann auch im Park von Babelsberg viele Stunden verbringen, mit immer wieder neuen Entdeckungen auf einem Rundgang: eine Siegessäule, die an den Sieg Preußens über Österreich im Jahre 1866 erinnert, mit Aussichtsplatz, darunter die »Generalsbank« zu Ehren der siegreichen Heerführer, eine Badeanstalt und das ebenfalls ausgetrocknete »Schwarze Meer«.

Am nordöstlichen Ende führt die Parkbrücke über den Kanal zwischen der Glienicker Lake und Griebnitz-See nach Klein-Glienicke hinüber, von dem zwei Zipfel zu Potsdam gehörten und daher bis hin zur West-Berliner Fernstraße 1, die hier auf die Glienicker Brücke zuführte, von Mauer und Stacheldraht umgeben war. Hier liegt, auf einem ehedem West-Berliner Zipfel, auch das Jagdschloß Glienicke.

»UFA-Stadt Neubabelsberg«, »Filmstadt Berlin« oder einfach »Babelsberger Filmstudios« — das sind einige der Namen, unter denen das große, fast rechteckige Gelände zwischen der Ernst-Thälmann-Straße (früher Großbeerenstraße), August-Bebel-Straße (Filmakademiestraße), Stahnsdorfer Straße (Ufastraße!) und An der Sandscholle in die Geschichte des internationalen Films eingegangen ist. Mit dem letztgenannten Straßennamen ist der ursprüngliche Zustand dieses Areals am treffendsten beschrieben. Man sollte es einmal mit dem Auto umrunden, um wenigstens einen oberflächlichen Blick auf seine Gebäude zu werfen. In der Nähe dieser »Sandscholle« war es, wo im Jahre 1871 die Villenkolonie Neu-Babelsberg gegründet wurde, deren schönste Häuser noch am Griebnitzsee zu sehen sind — nicht wenige hatten bis 1945 UFA-Stars bewohnt, und dann folgten zur Potsdamer Konferenz Stalin und Truman. Um die Jahrhundertwende hatte sich auf dem heutigen Filmgelände noch ein Unternehmen für künstliche Blumen, Futtermittel und Dünger befunden. Es war gerade in Konkurs gegangen, als der damalige technische Leiter der Deutschen Bioskop-Gesellschaft, Guido Seeber (später ein bekannter Kameramann), dort hinkam, um einen neuen Standort für ein Filmatelier außerhalb der Großstadt zu finden. Es sollte nämlich weniger feuergefährdet und ausdehnungsfähig sein. Er erwarb das Gelände und die Filmproduktion, die im Februar 1912 in einem Glashaus mit ihrem Star Asta Nielsen einen Film der Serie »Der Totentanz« zu drehen begonnen hatte, dehnte sich aus: Nach Gründung der Universum Film AG (kurz UFA) im November 1917 entstand die Filmstadt der großen Illusionen, Revuen, Komödien, aber auch der Durchhaltefilme des Dritten Reichs, auf die Propagandaminister Joseph Goebbels persönlich entscheidenden Einfluß nahm.

Auf die Nielsen waren Stars gefolgt, deren Namen heute noch in den Ohren klingen: Pola Negri, Fern Andra, Lil Dagover, Mia May, Lya de Putti, Jenny Jugo, Brigitte Helm. Die frühen Liebhaber und Helden von Babelsberg waren vor allem Paul Wegener, Emil Jannings, Werner Krauss, Harry Liedtke, Conradt Veidt, Otto Gebühr (oft in der Rolle seines Lebens als Fridericus Rex: Friedrich der Große!), Hans Albers, Willy Fritsch, Harry Piel, Gustav Fröhlich, Heinrich George und so weiter. Die meisten dieser Stars erlebten in Neubabelsberg den Start in die Tonfilmzeit, der hier im Dezember 1929 mit dem ersten vollständigen deutschen Tonfilm »Melodie des Herzens« (mit Willy Fritsch) begonnen hatte. Es entstanden nun so bekannte Filme wie »Der blaue Engel«, »Die Drei von der Tankstelle«, »Hallo Janine«, »Die Feuerzangenbowle« und »Münchhausen«, der trickreiche farbige Großfilm zum 25jährigen UFA-Jubiläum im Jahr 1943. Hans Albers wurde damit, neben Marika Rökk und Kristina Söderbaum in ihren Filmen, zum Farbfilmstar. Doch Zarah Leander, damals wohl größter UFA-Star, erschien dagegen nur in Schwarzweiß — bei ihr machte es eben die Stimme.

»Das gibt's nur einmal, das kommt nicht wieder«, sang Lilian Harvey in dem unvergessenen UFA-Tonfilm von 1931 »Der Kongreß tanzt« und fuhr dabei mit der Kutsche durch eine Kulissenstadt auf dem Freigelände der Studios, wo sich dann für längere Zeit die »Wiener Operettenstraße« befand — der deutsche Unterhaltungsfilm jener Jahre machte häufig von ihr Gebrauch. Auch die Terra und die Berlin-Film, die keine eigenen Ateliers besaßen, waren oft bei der UFA zu Gast.

Ein Kulissenmaler in der großen Atelierhalle der Babelsberger Filmstudios schafft den Hintergrund für eine Filmszene. Die Halle hat seit den zwanziger Jahren unzählige Filmproduktionen erlebt – von der UFA bis hin zur DEFA.

Vieles änderte sich, nachdem sich im April 1945 eine sowjetische Panzereinheit in den kaum beschädigten Atelierhallen einquartierte, in denen die Traumfabrik des Dritten Reichs bis zu dessen Untergang noch an mehreren Spielfilmen gearbeitet hatte. Am 17. Mai 1946 überreichte Oberst Tulpanow von der Sowjetischen Militäradministration im Babelsberger Althoff-Atelier dem Altkommunisten Hans Klering die Gründungslizenz für die erste deutsche Filmfirma nach dem Krieg, die »Deutsche Film-Aktiengesellschaft« (kurz: DEFA). Doch die DEFA drehte ihre ersten Filme noch in den Tobis-Studios

Berlin-Johannisthal und konnte erst 1950 die von der Besatzungsmacht beschlagnahmte UFA-Filmstadt in Besitz nehmen. Nahezu unverändert geblieben waren dort allerdings – praktisch bis zur Gegenwart – die neun Studios mit der 2000 Quadratmeter umfassenden großen Mittelhalle der Stummfilmära und den bei ihrem Bau um 1930 modernsten Tonfilmstudios der Welt, wegen ihres kreuzförmigen Grundrisses »Tonkreuz« genannt. Sie erinnern mit ihrer Architektur heute ebenso an die vergangene UFA-Zeit wie der im »Nazistil« gehaltene Säulenbau von Goebbels ehemaliger Deutscher Filmakademie, in der sich nun ebenfalls Studios befinden. Und sogar das Gebäude der alten Blumenfabrik aus Seebers Pionierzeit existiert noch. Nur den S-Bahnhof »Potsdam-Ufastadt« (vormals »Neubabelsberg«) gibt es nicht mehr.

Als die DEFA 1986 ihr 40jähriges Bestehen feierte und damit bereits älter als die 1945 erst 27jährige UFA geworden war, hatte sie 608 Kino- und über 800 Fernsehfilme geschaffen; bis Mitte 1990 sind es dann 669 Spielfilme geworden. In der letzten DDR-Zeit entstanden 15 bis 18 Spielfilme jährlich, fast ausschließlich in Farbe und mit hoher staatlicher Subvention. Die DEFA hatte sich bald andere Stars geschaffen, auch wenn Schauspieler wie Paul Bildt, Trude Hesterberg und Henny Porten nach dem Krieg wieder in Babelsberg vor der Kamera gestanden hatten. Die »Neuen« waren Erwin Geschonek, Günther Simon, Annekathrin Bürger, Manfred Krug, Armin Müller-Stahl, Angelika Domröse, Wolfgang Kieling – um nur einige zu nennen. Und dort, wo bis 1945 noch Georg Jacoby, Karl Ritter, Veit Harlan und Josef von Baky Spielleiter – wie die Regisseure in der Hitler-Ära genannt wurden – gewesen waren, tauchten nun neue Regisseure wie Konrad Wolf, Frank Beyer, Kurt Maetzig und Egon Günther auf.

Rund 80 Jahre ist in Potsdam-Babelsberg Filmgeschichte der unterschiedlichsten Art geschrieben worden: von »Das Cabi-

Zwei Epochen begegnen sich auf diesem Foto aus der Filmstadt: Goebbels' ehemalige Deutsche Filmakademie im Stil des Dritten Reichs im Hintergrund und der Trabi-Wagen aus der noch jungen DDR-Vergangenheit im Vordergrund.

net des Dr. Caligari« (1919) und »Metropolis« (1919) über »Jud Süß« (1940) und »Der Untertan« (1957) bis zu »Einer trage des anderen Last« (1988) und »Olle Hexe« (1990) — also vom Expressionismus und der Utopie über Antisemitismus und Anti-Imperialismus bis zur Auseinandersetzung zwischen Staat und Kirche in der DDR, und immer wieder Märchen- und Kinderfilme.

Was kommt nun? Die Fertigstellung einiger in Arbeit befindlicher Filme ist noch bis 1991 gesichert. Schon interessieren sich internationale Kreise für das riesige Gelände mit seiner großen Freifläche, der Grundstücke vor den Toren der deutschen Hauptstadt wegen. Die Zeit der Traumfabriken ist vorbei, doch auch Berlin braucht ein leistungsfähiges Medienzentrum — und Potsdam einen wichtigen Arbeitgeber.

Noch gibt es viel zu besichtigen (zu erfragen bei der DEFA selbst oder bei der Urania Potsdam, Brandenburger Straße 38, Tel. 3 95 30 78). Dazu gehört die Requisitenkammer mit 15 000 Kostümen, je 50 000 Uniformen und Mänteln, 12 000 Elektrogeräten und etwa 500 000 Kleinteilen. Der Eingang zur Filmstadt liegt an der August-Bebel-Straße (Nr. 26–53). Unweit von dort, an der Karl-Marx-Allee, befindet sich in einer alten Villa (Hausnummer 27) auch die Hochschule für Film und Fernsehen, die den Namen des großen Regisseurs Konrad Wolf, Sohn des Dramatikers Friedrich Wolf und Bruder des Stasi-Chefs »Mischa« Wolf, getragen hat. Auch in Potsdams Innenstadt kommen Filmfreunde, wie erwähnt (s. Seite 24), auf ihre Kosten: im Filmmuseum, Am Karl-Liebknecht-Forum 1 (im alten Marstall).

Nicht weit vom Filmgelände, zwischen Stahnsdorfer und Steinstraße, die beide an der Nordostecke des Geländes vorbeilaufen beziehungsweise von der August-Bebel-Straße aus abbiegen, liegt eine ehemalige Kuriosität aus der Hoch-Zeit des Kalten Krieges: die ENKLAVE STEINSTÜCKEN, bestehend aus wenigen Häuser rechts und links an einem Straßenstück und einer ehemaligen S-Bahn- und späteren Güterzugstrecke. Wichtig war für sie ein freier Platz gewesen, denn hier landeten die amerikanischen Hubschrauber, die Steinstücken aus der Luft versorgten, bis die DDR schließlich in den Bau einer schlauchartigen Zubringerstraße von Wannsee aus einwilligte, die allerdings — wie die Enklave selbst — beidseitig von Mauern eingefaßt war. Nun sieht es dort bald wieder so aus, als sei es immer ein Stück von Babelsberg gewesen.

Man kann noch manche Kuriositäten aus jüngerer deutscher

Vergangenheit aufspüren, etwa den Campingplatz auf einer alten Autobahnbrücke über den Teltowkanal, der bei Babelsberg in den Griebnitzsee mündet: Das war der alliierte *Kontrollpunkt Dreilinden*, bevor die DDR die Autobahn nach WB, wie West-Berlin oft in DDR-amtlicher Abkürzung genannt wurde, begradigte und östlich von diesem Zipfel des US-Sektors vorbeiführte. Wie schnell werden die Berliner Enklaven, Kontrollpunkte und Sektoren nun in Vergessenheit geraten? Potsdam jedenfalls war auch ein Grenzort gewesen.

Doch zurück in eine fernere Vergangenheit. Ganz in der Nähe der eben erwähnten Autobahn, gleich hinter der Ausfahrt Potsdam, von Berlin kommend auf der rechten Seite, befindet sich das *Jagdschloß Stern*. Es liegt am Westrand des alten königlichen Jagdreviers PARFORCEHEIDE, dessen Bäume auch die Sicht von der Autobahn auf das zierliche Schloß Friedrich Wilhelms I. von 1732 verdecken. Im holländischen Stil erbaut, wurde es Vorbild für das Holländische Viertel und die Holländischen Etablissements im Neuen Garten. Der Soldatenkönig liebte die Parforce genannte rüde Hetzjagd mit Hunden und Pferden — daher auch der Name des von ihm 1724 erworbenen Jagdreviers. Und »Stern« geht zurück auf die am Schloß sternförmig beginnenden Wege in die Heide, weshalb auch das anschließende neue Wohngebiet »Am Stern« heißt (Endstation der Straßenbahnlinien 6 und 8).

Im ehemaligen Kastellanhaus befindet sich die Gaststätte »Altes Jagdschloß« (mittwochs und donnerstags geschlossen), deren Atmosphäre besser ist als die Speisen. Doch interessant ist dieses östliche Randgebiet Potsdams allemal, wobei das *Museum im Jagdschloß* einen Einblick in private Neigungen des königlichen Jagdherrn gibt (geöffnet von Mitte Mai bis Mitte Oktober an Wochenenden von 10 bis 17 Uhr).

Damit wollen wir Potsdam, wo es sicher noch vieles mehr zu entdecken gibt — aber man kann ja wiederkommen —, verlassen.

Ein Ausflug nach Werder

Das beliebteste Ausflugsziel der Potsdamer und ihrer Gäste ist dasselbe, das jahrzehntelang die Berliner angezogen hat: die Inselstadt Werder in der Havel, westlich von Potsdam gelegen — und das nicht nur zur Obstbaumblüte im Frühjahr. Man kommt nach Werder zu Lande und zu Wasser, mit dem eigenen Wagen, dem Bus und der Eisenbahn und vor allem und am erlebnisreichsten mit dem Schiff:

Für Potsdams *Weiße Flotte,* die unterhalb der Langen Brücke, am Hotel Potsdam, abfährt, war Werder schon immer das wichtigste Ziel. Nun fahren auch wieder die Schiffe der Berliner Stern- und Kreisschiffahrt und privater Berliner Reedereien fahrplanmäßig dorthin. Von Potsdam aus angefahren werden von April bis Ende September die Stationen CAPUTH, WERDER und FERCH, im »Seebäderverkehr« (Mai bis August) TEMPLIN und CAPUTH. Fahrplanhinweise können hier wegen möglicher Änderungen nicht gegeben werden, doch ein Anhaltspunkt: 1990 gingen in der Hauptsaison täglich fünf Fahrten (ab 8.30 Uhr) nach Werder und vier (ab 9.30 Uhr) nur bis Caputh an der Langen Brücke ab. Die Fahrzeit Potsdam—Werder beträgt 1 Stunde und 10 Minuten.

Hinzu kommen größere Rundfahrten, für die bei der Weißen Flotte Potsdam Platzreservierungen (an der Potsdamer Anlegestelle; Telefon: 42 41 oder 2 10 90) erforderlich sind. Ähnliche Sonderfahrten werden auch von der Berliner Reederei Bruno Winkler (Büro: Berlin-Tiergarten, Levetzowstraße

Nicht weit vom Hotel Potsdam (links) und der Nikolaikirche (Mitte) starten die Schiffe von Potsdams Weißer Flotte zu ihren Fahrten auf der Havel und ihren Seen. Sie führen auch nach Werder, Brandenburg und Berlin.

12 a, Tel. 3 91 70 10) veranstaltet. Sie führen oftmals über Werder hinaus oder als »10-Seen-Fahrt« ganz um Potsdam herum. Die Berliner Abfahrtsstellen sind an der Schloßbrücke (Charlottenburger Ufer, Nähe Schloß Charlottenburg) beziehungsweise an der Greenwichpromenade in Tegel.

Vom Schiff aus erlebt man Potsdam, wie es am und im Wasser lebt — nun nicht mehr behindert durch den »Sperriegel«, den im Tiefen See querliegende Kähne dort seit dem Mauerbau hatten bilden müssen. Es erschließen sich die

Schönheiten der Havellandschaft mit Wäldern, Hügeln, Schilf, Landzungen und Inseln, Dörfern und alten Villen an den Ufern. Wie in Berlin erweitert sich die Havel auch bei Potsdam zu kilometerlangen und auch -breiten Seen. Auf der Fahrt nach Werder sind es nach Passieren der Insel HER-MANNSWERDER zunächst der *Templiner See*, dann nach der Durchfahrt durch die enge *Caputher Gemünde* der große *Schwielowsee* und schließlich, vor Werder, wo die breite Havel keinen Namen als See trägt, der nach Westen abzweigende *Glindowsee*.

Ein Ausblick vom Schiff: Hinter der Eisenbahnbrücke der Strecke Berlin—Magdeburg liegt die Neustädter Havelbucht mit den neuen Wohnhochhäusern.

Genüßlich kann man sich auf den Decks sonnen, das Land-
schaftspanorama vorbeiziehen lassen und Segelboote bei ihren
Manövern beobachten. Frachtschiffverkehr gibt es kaum, er
führt nördlich von Potsdam durch Kanäle und die dort gelegenen kleineren Seen hindurch, über die man bei der Rundfahrt
um Potsdam kommt.

Hier sollen die wichtigsten Stationen auf dem Weg nach
Werder von der *Autostrecke* aus beschrieben werden, die am
Ufer entlang praktisch den gleichen Verlauf wie die Schiffsli-
nien nimmt. Es gibt zwei Strecken: die kürzere führt am
Hauptbahnhof vorbei durch die *Pirschheide* und über GEL-
TOW/BAUMGARTENBRÜCK, die interessantere geht am Südost-
ufer des *Templiner Sees* entlang und findet über CAPUTH in
BAUMGARTENBRÜCK den Anschluß an die andere Strecke. Wir
wollen hier auf letzterer hin- und auf der kürzeren Strecke
zurückfahren und auch unterwegs einige Abstecher machen.
Die Fahrt beginnt über die Lange Brücke und dann nach rechts
in die Leipziger Straße hinein, wo unterhalb des Brauhausber-
ges (s. Seite 116) der Potsdamer Schlachthof, die Mühlen-
werke und ein Getreidespeicher am Havelufer liegen.

Nachdem wir von der Leipziger in die Templiner Straße
abgebogen sind, können wir den ersten Abstecher über die
Alter Tornow genannte Straße nach HERMANNSWERDER
machen. Der kleine Kanal, der »Judengraben«, den wir dabei
überqueren, hat Hermannswerder zur Insel gemacht. Wir
finden dort reetgedeckte Villen, Uferwiesen, auf denen Wassersportler und Ausflügler lagern, um eine schöne Aussicht
über die Havel auf die Potsdamer Wohngebiete an der Neustädter Havelbucht, die hinter der Insel Untere Planitz mit
den Eisenbahnbrücken der alten Potsdam—Magdeburger
Strecke liegt, zu genießen. Auf dem südwestlichen Teil der
Insel befinden sich in einem Park die Gebäude der Hoffbauer-
Stiftung mit Heimen, Krankenhaus und Schulen.

Wieder am Ufer zurück führt die ursprünglich vor fast 250

Jahren von Webern aus Nowawes (s. Seite 118) angelegte Templiner Straße nun am gleichnamigen, 5,5 km langen und bis zu 1,3 km breiten See vorbei. Seine Größe ist seit 1956 durch den Damm der Eisenbahnstrecke des Berliner Außenrings (s. Seite 115) beeinträchtigt, der auch die früher beliebte Regattastrecke am jenseitigen Ufer unterbrach. Die Schiffe fahren nun unter einer 140 m langen Brücke hindurch. Nach dem Damm erreichen wir bald an einer Landzunge das Gartenlokal »Forsthaus Templin«. Hier befindet sich auch eine Schiffsanlegestelle (TEMPLIN).

Gleich nach dem Ende des bewaldeten Steilhangs liegt am Ortseingang von CAPUTH links in der Waldstraße 7 das schlichte Backsteinhaus von Albert Einstein. Der Physiker wohnte hier von 1929 bis zu seiner Emigration im Jahre 1933 und wurde 1951 Ehrenbürger von Caputh.

Die nächste Sehenswürdigkeit in Caputh ist das in einem kleinen Park am See gegenüber der von Stüler erbauten Kirche (1848–1852) gelegene eingeschossige *Barockschlößchen.* Es war von Philipp de Chieze, dem Generalquartiermeister des Großen Kurfürsten erbaut worden, nachdem dieser ihm den Ort Caputh geschenkt hatte. Friedrich I. wählte das inzwischen erweiterte Schloß als Ziel für Vergnügungsfahrten auf seinem Prunkschiff, sein Sohn Friedrich der Große dachte praktischer: Er machte aus dem Anwesen eine Färberei. Nachdem es bis 1945 im Privatbesitz gewesen war, wurde während der DDR-Zeit im Schloß eine Berufsschule eingerichtet. Nunmehr wird es restauriert, und dann wird wohl auch wieder eine Besichtigung des mit wertvollen Delfter Kacheln ausgelegten Saales im Kellergeschoß möglich sein.

Caputh war ehemals ein Ort von Schiffern und Obstbauern. Die Schiffer transportierten die für den Ausbau der Hauptstadt benötigten Ziegelsteine nach Berlin und sattelten auf den in dieser Region heute noch vorrangig betriebenen Obstanbau um, nachdem die Eisenbahn Jüterbog–Berlin gebaut worden war, die hier auf einer Brücke die Caputher Gemünde überquert. Caputh, wohin dann begüterte Berliner zogen, wurde von dem Dichter Theodor Fontane in scherzhafter Übertreibung »Chikago des Schwielowsees« genannt. Der immer noch sehr beliebte Ausflugs- und Ferienort liegt nämlich sowohl am Templiner als auch am Schwielowsee, die hier durch eine Verengung der Havel, die Caputher Gemünde, miteinander verbunden sind.

Eine Anregung für eine insgesamt etwa 20 km lange Wanderung rund um den 5,5 km langen und bis zu 2 km breiten *Schwielowsee:* Von Caputh aus steigen wir zur »Schönen Aussicht« und zum Krähenberg hinauf, um von hier aus und vom weiteren Weg am Ostufer des Schwielowsees entlang auf das von Ausflugsschiffen und Segelbooten vielbefahrene Gewässer mit seinen Uferwaldungen zu blicken. Ziel ist FERCH, von wo aus man am westlichen Seeufer über Petzow und vorbei an der Gaststätte »Holländermühle« (mit Mühlenruine) über die Brücke von Baumgartenbrück nach Caputh zurückkehren kann. Dazu noch ein paar Informationen: Ferch war bis zum Ende des vorigen Jahrhunderts noch so wenig entdeckt, daß Fontane in seinen »Wanderungen durch die Mark Brandenburg« nur beiläufig vom »einsamen Ferch« spricht. Inzwischen ist es ein Ausflugs- und Erholungsort mit vielen Wochenendhäusern (in der ehemaligen DDR »Datschen« genannt) und einem Campingplatz. Eine Rast legt man im »Haus am See« ein, wo auch die Schiffe anlegen.

Sehenswert ist die kleine *Fachwerkkirche* von 1630 mit dem »schwebenden Engel mit Taufschale«.

Im Dorf PETZOW wirkten Lenné und Schinkel: Ersterer hatte am See einen Park angelegt und letzterer wahrscheinlich das gelbe »*Ritterschloß*« im Tudorstil entworfen, das nun als Hotel ausgebaut werden soll. In der Zelterstraße 2 erwartet uns zur Pause (ab 12 Uhr außer montags) die »Fontane-Klause«.

Natürlich kann man sich auch darauf beschränken, in Caputh auf der hölzernen Veranda der Gaststätte »Fährkrug« Rast zu machen und dem Verkehr auf dem Wasser zuzuschauen. Hier setzt seit 1848 immer noch die alte Seilfähre über, die auch Autos mitnimmt (täglich von 6 bis 22 Uhr). Wir müssen erfreulicherweise mit ihr fahren, um auf das andere Ufer nach Baumgartenbrück zu kommen. Auf der rechten Seite, kurz nach der Anlegestelle der Fähre, steht der schöne Backsteinbahnhof Caputh-Geltow. Dann nähert man sich dem unterhalb des Franzensberges gelegenen Baumgartenbrück. Fontane wußte diesen tatsächlich schönen Ort sehr zu schätzen. Er nannte ihn – in Anlehnung an die berühmte Anlage am Dresdner Elbufer – »Brühlsche Terrasse am Schwielowsee«. Hier befindet sich seit über 300 Jahren eine Brücke, auf der man die »Insel Potsdam« nach Werder und Brandenburg verläßt. Oberhalb davon ragt der als Aussichtspunkt »Hohe Warte« lohnenswerte 26 m hohe *Karlsturm* auf.

Bevor wir über die Brücke zur »Holländermühle« am anderen Ufer hinüberfahren, fahren wir noch am Ufer weiter geradeaus zu einem kurzen Abstecher nach Geltow. Dieses schöne märkische Dorf wurde wie Potsdam schon im Jahre 993 urkundlich erwähnt, kann also 1993 mitfeiern. Es hatte sogar von 1939–1952 zu Potsdam gehört. Einen hübschen Winkel gibt es bei der märkischen *Backsteinkirche* am Havelufer.

Doch zurück zur Strecke nach Werder. Sie führt jenseits der Brücke über die Berliner Straße in südwestlicher Richtung und überquert bald auf der Strengbrücke die schmale Einfahrt zum *Glindowsee*. Den Ort Glindow, der auch Ziel von Schiffstouren ist, kann man mit dem Auto im Anschluß an Werder besuchen.

Werder, unser Hauptziel, besteht aus den langgestreckten Straßen der Neustadt am linken Havelufer und einer vorgelagerten, von der Brandenburger Straße aus über eine Brücke erreichbaren Insel. In dieser malerischen »Inselstadt« – sie ist

Der alte Havel-Dampfer war eine fotografische Entdeckung in einer Bucht des märkischen Dorfes Geltow südwestlich von Potsdam und nahe bei Werder.

Noch bietet sich die Inselstadt Werder als vom Tourismus kaum berührte dörfliche Idylle dar. Doch mit zunehmender Bedeutung als Ausflugsziel auch von Berlin aus werden dort sicher manche Kneipen entstehen.

vom Straßenbild eher ein Dorf — hat sich Werder noch weitgehend den Charakter eines Fischerorts bewahren können, mit zum Trocknen ausgebreiteten Netzen und Schilfufern, an denen Boote und auch Segelschiffe liegen.

An der Schiffsanlegestelle befindet sich — mit schattiger Uferterrasse — das schon zu DDR-Zeiten von in Ost-Berlin akkreditierten Journalisten sehr geschätzte Lokal »Havelblick« mit einfacher, aber gemütlicher Atmosphäre. Hoch ragen über der Insel zwei Kirchtürme auf; der östliche gehört zur *Kirche Zum Heiligen Geist* und ist das Wahrzeichen

Weit führt der Anlagesteg von Werder in die hier seenartig erweiterte Havel hinaus. Ein Schiff aus Potsdam hat an einem schönen Sonntagmorgen im Frühling, der Zeit der berühmten werderschen Baumblüte, Halt gemacht.

Werders. Ein unbekannter Künstler malte vor über 250 Jahren das Altarbild »Christus als Arzt«.

Doch ist es weniger die malerische Insel als vielmehr die Baumblüte im Frühling — und da vor allem das Baumblütenfest im Mai —, die die Besucher anziehen. Früher reisten sie mit Eisenbahnzügen vom nahen Berlin an, stiegen am Bahnhof in Droschken um und fuhren zu den Gartenlokalen »Rauenstein« und »Friedrichshöhe« auf der westlich von der Neustadt liegenden Anhöhe hinauf. Beide Gaststätten machten 1990 noch einen restaurierungsbedürftigen Eindruck.

Man trank süßen Wein, der in Werder übrigens seit dem Mittelalter angebaut worden war, und erfreute sich am Fernblick über die Havel und den Großen Zernsee. Noch heute ist der Werdersche Obstwein sehr beliebt — und nicht ungefährlich.

Das ausgedehnte Blütenmeer im Westen der Stadt ist dem Obst zu verdanken, denn Werder ist von der Zeit des Großen Kurfürsten an (17. Jahrhundert) bis in die jüngste Zeit die Obstkammer von Berlin und der Mark Brandenburg gewesen. Nun scheint das Werdersche Obst gegen die Einfuhr aus dem westlichen Deutschland und den EG-Ländern kaum mehr konkurrenzfähig zu sein, weil es deren Normen nicht erfüllt. Dabei war es hart genug gewesen, dem Boden der kargen alten »Streusandbüchse« des Heiligen Römischen Reiches soviel abzugewinnen, wie es das Obstbauernkollektiv von Werder jährlich mit Tausenden von Helfern gelungen war. Möglicherweise wird sich Werder zum reinen Ausflugs- und Vergnügungsort am Rande der deutschen Hauptstadt wandeln, was schade wäre, denn was dabei herauskommt, dafür gibt es schon genügend Beispiele in der alten Bundesrepublik.

Von Werder aus ist der Nachbarort GLINDOW am gleichnamigen See über die Brandenburger Straße schnell erreicht. Er ist durch seine Tonziegel bekannt geworden, die früher die Mönche des Klosters Lehnin (s. Seite 118) hier hergestellt haben. Auch hier gibt es einen Campingplatz und ein Strandbad.

Wenn man über PETZOW zurückfahren möchte, um dort Park und Schloß (s. Seite 115) zu sehen, führt der Weg von Glindow aus in Richtung Autobahn A2, um jedoch außerhalb des Ortes nach links und an der nächsten Kreuzung erneut nach links abzubiegen. Von Petzow aus geht es weiter zur »Holländermühle« und dann über die Havelbrücke nach Baumgartenbrück.

Wir bleiben nun auf der Fernstraße 1 und kommen am

Das schöne Havelufer von Werder ist noch ziemlich unberührt. Eine Bucht dient als Ankerplatz für Segler, die nun auch aus Berlin hierhin kommen.

Ortsende von Geltow in den *Potsdamer Wildpark*. Am *Forsthaus Südtor* lohnt sich ein Abstecher nach links zum *Bayerischen Haus*. Das von Persius geschaffene Südtor-Gebäude war im vorigen Jahrhundert eines der »Försteretablissements« am Eingang zum königlichen Wildpark. Dieser war ein Teil des alten kurfürstlichen Jagdreviers *Pirschheide*. Das in der Nähe des Schäfereiberges tatsächlich im alpinen Stil errichtete Bayerische Haus war 1847 für die bayerische Ehefrau von Friedrich Wilhelm IV. erbaut worden und ist durch die Wende — wie viele solcher Objekte in der Ex-DDR — vom Gästehaus der SED zum Hotel mit gutem Restaurant geworden.

Zurück auf der Leninallee führt der Weg weiter durch den Wald von Wildpark (links) und Pirschheide (rechts) am Hauptbahnhof vorbei in die Stadt zurück. Nach der zweiten Eisenbahnunterführung, der Strecke vom Haupt- zum Stadtbahnhof, taucht rechts ein Sportgelände auf. Hier befand sich während des Ersten Weltkriegs der Potsdamer Luftschiffhafen, weshalb die Leninallee ab hier stadteinwärts früher auch Zeppelinallee hieß. 1912 war hier das erste Luftschiff der Friedrichshafener Zeppelinwerft gelandet. Auf Grund der Bestimmungen des Versailler Vertrages mußte die Luftschiffhalle, in der während des Ersten Krieges Luftschiffe gebaut worden waren, 1920 abgerissen werden. 1927 eröffnete die Stadt hier eine damals vorbildliche Sportanlage.

Am Schafgraben, einem kleinen in die Havel mündenden Kanal, entdeckt man auf der rechten Seite ein ungewöhnliches Bauwerk: das im Stil einer romanischen Burg 1842 von Persius erbaute *Proviantmagazin*, in das nach dem Zweiten Weltkrieg das Potsdamer Backwarenkombinat eingezogen war. Rechts vor der dritten Eisenbahnunterführung, vor dem Bahnhof Potsdam-West, liegt auf der in die Havel hineinragenden Halbinsel der »*Kiewitt*«. Der nationalsozialistische

Potsdamer Oberbürgermeister Hans Friedrichs ließ hier, sich selbst zu Ehren, 1936—1938 die Siedlung »Friedrichsstadt« in einer Mischung aus süddeutschem und friderizianischen Stil erbauen. In der DDR wurde dann um 1970 das Wohngebiet »Auf dem Kiewitt« mit acht- und fünfzehnstöckigen Häusern daneben errichtet, wofür die Erbauer sogar den Architekturpreis der DDR 1977 erhielten.

Wir kehren nun geradeaus zum Platz der Nationen oder nach rechts, zur Neustädter Havelbucht mit der »Moschee« (s. Seite 34) abbiegend, in die Stadt zurück.

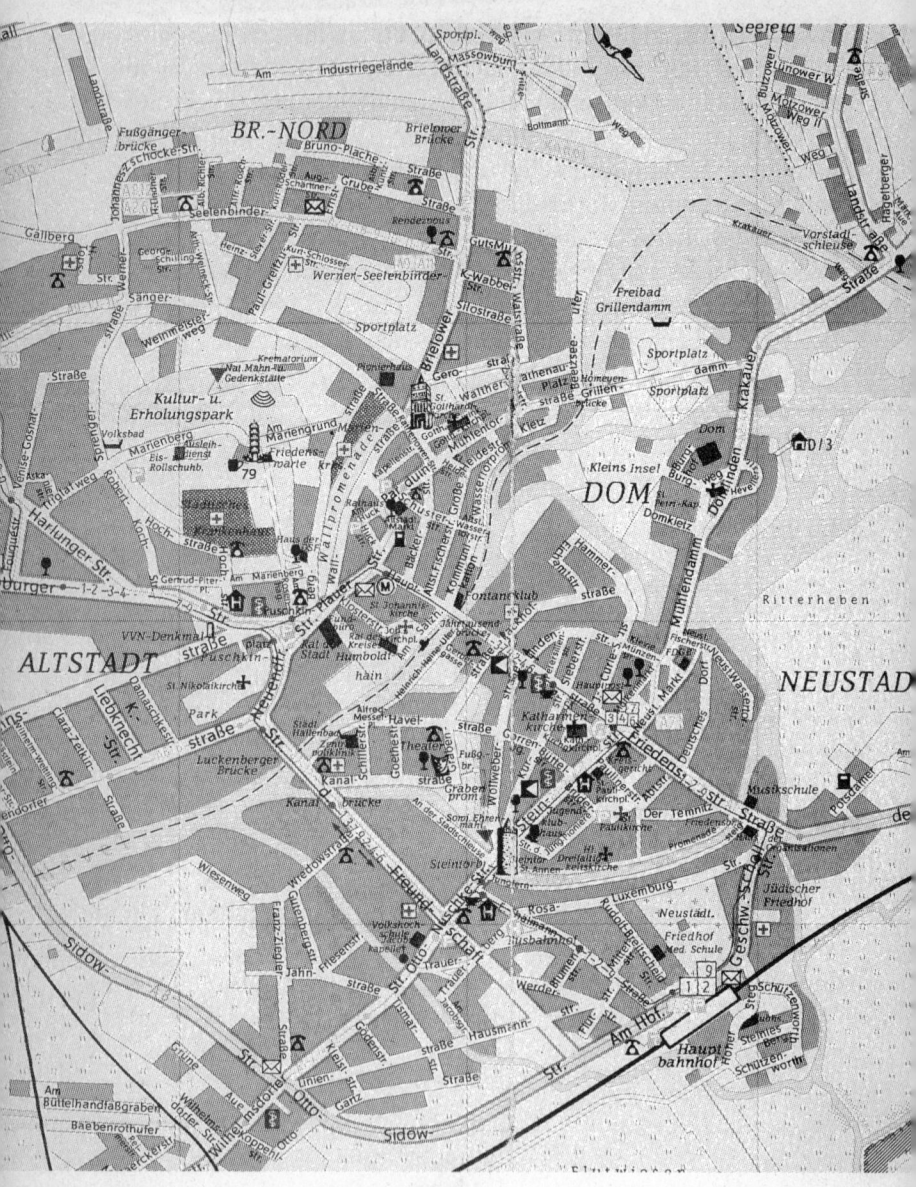

146

Ein Besuch in Brandenburg

Das 40 km von Potsdam entfernte Brandenburg lohnt einen Ausflug oder auch einen Abstecher von der Autobahn A1 auf dem Weg von oder nach Berlin. Wer — dem vorigen Kapitel folgend — nach Werder gefahren ist, hat bereits ein Viertel der Strecke hinter sich gebracht, die über die Fernstraße 1 durch die Dörfer GROSS KREUTZ und JESERIG südlich der Havel nach Brandenburg führt.

Nachdem wir den Großen Plessower See bei GLINDOW passiert haben, kommen wir erst wieder in Brandenburg selbst an das Wasser heran. Es ist eine Drei-Insel-Stadt in der Havel, die sich hier aber, anders als in Potsdam, erst außerhalb der Stadt im *Beetzsee* (im Nordosten) sowie im *Breitlingsee* und *Plauer See* (im Westen) zu breiten Gewässern erweitert. In Brandenburg selbst hat sie den Charakter von Kanälen oder kleineren Flüssen. Das heißt aber nicht, daß die Havel hier minder reizvoll ist.

Wir erreichen die Stadt, indem wir im Stadtteil NEU SCHMERZKE von der Berliner Straße nach rechts auf die Straße der Befreiung abbiegen, die uns über die anschließende Friedensstraße auf die größte Insel, die Neustadt führt. Dort können wir auf dem St.-Pauli-Kirchplatz (nach links) oder auf dem Neustädter Markt (rechts) parken.

Vor einem Rundgang noch einige allgemeine Bemerkungen zur Stadt selbst und ihrer Geschichte:

Durch ihre Lage an der unteren Havel kam der im Jahre 928

Die Umgebung von Brandenburg ist reich an Wasserläufen. Dieser landschaftlich reizvolle Kanal im Wald wurde von einer Brücke der Bundesstraße 1 aus fotografiert – ein Dorado für Wassersportler aus Nah und Fern.

erstmals erwähnten Stadt die Bedeutung als befestigter Flußübergang zu. Der Havelübergang wurde zweimal erobert: 928 durch Heinrich I. und 1161 nach langen Kämpfen durch Albrecht den Bären. Danach entstanden die drei heute noch erhaltenen Siedlungskerne aus Altstadt, Neustadt als Platz der Kaufleute und Dom mit später wieder aufgegebenen Bischofssitz. Im Jahre 1715 wurden Alt- und Neustadt zu einer Stadt vereinigt. Der von Albrecht dem Bären begründete Dombereich kam aber erst im Jahre 1930 hinzu.
Brandenburg war zwar Hauptstadt der gleichnamigen Mark-

grafschaft, verlor aber durch die kurfürstliche Residenz Berlin und die zunehmende Rolle Potsdams an Bedeutung. Daher ist sie auch nicht die Hauptstadt des Landes Brandenburg. Trotzdem ist Brandenburg (mit 95 000 Einwohnern) heute ein Zentrum des Havellandes und mit seinem Stahl- und Walzwerk ein wichtiger Industrieort. Dem Besucher erschließt es sich aber mehr durch noch vorhandene mittelalterliche Bauten und als Zentrum der Erholung und des Sports im und am Wasser — immerhin besteht fast ein Drittel der Fläche des Stadtkreises daraus.

In der *Neustadt* ist vor allem die *St.-Katharinen-Kirche* westlich vom Marktplatz sehenswert. Die 1395—1401 von Hinrich von Brunsberg aus Stettin gebaute Hallenkirche ist ein beachtliches Zeugnis für die märkische Backsteingotik. An ihrer Nord- und Südseite trägt sie schöne Giebeldekorationen mit farbig lasierten Steinen. Im Inneren sind zwei bedeutende Schnitzaltäre aus dem 15. Jahrhundert sowie mehrere Renaissance- und Barock-Grabmäler zu sehen. Die *Klosterkirche St. Pauli* ist noch Kriegsruine, soll aber wiederaufgebaut werden. Am Ende der Steinstraße liegt am Schleusenkanal das *Steintor*, mit der sich anschließenden St.-Annen-Promenade noch einer der Reste der mittelalterlichen Stadtbefestigung.
Entgegengesetzt, das heißt vom Neustädter Markt über den Mühlendamm gehend, erreichen wir den inmitten der kleinen Dominsel gelegenen Dom.
Auf dem Wege zum Dom kommen wir an der Neuen Fischstraße an dem achteckigen *Mühlentorturm* vorbei, in dem im Sommer Ausstellungen stattfinden. Reizvoll sind die Ausblicke vom Mühlendamm, einem Staudamm mit Mühlenwerken, auf den noch in Betrieb befindlichen Fischereihafen (links) und die hier recht breite Havel (rechts). Der etwas unauffällige romanisch-gotische *Dom St. Peter und Paul* geht auf das 12. Jahrhundert zurück, seine Fertigstellung dauerte

Vom Mühlendamm, der Brandenburgs Neustadt mit der Dominsel verbindet, bietet sich ein hübscher Ausblick auf die Havel mit Wohnhäusern direkt am Ufer.

aber fast 700 Jahre, nämlich bis 1836. Neben Glasmalereien und zwei Leuchterengeln aus Bronze verdient der Böhmische Altar (um 1380) im südlichen Querschiff besondere Beachtung.

Reizvoll ist die Umgebung des Domes mit dem *Burghof* und der an der Straße »Domlinden« stehenden *Peterskapelle.*

Im benachbarten *Dommuseum* des Domstifts werden ein Überblick über die märkische Geschichte gegeben und Teile des wertvollen Domschatzes gezeigt, dazu gehören auch Dokumente wie die Stiftungsurkunde für das Brandenburger Bistum von König Otto I. aus dem Jahre 948 und eine Pergament-Handschrift aus dem 13. Jahrhundert mit farbigen Bildern, das »Brandenburger Evangelistar«. Führungen finden montags, dienstags und donnerstags um 11 und 14.30 Uhr statt, samstags nur um 14.30 Uhr.

Unser Rundweg führt nun über die Domlinden nach links und im Zuge der Krakauer Straße über die Havel in die Altstadt. Wir biegen nach links zum Grillendamm ab und gehen über die Grillenbrücke zur Mühlentorstraße weiter. Rechts davon steht die älteste Brandenburger Kirche, die spätgotische *St.-Gotthardt-Kirche* aus dem 15. Jahrhundert. Unweit davon sind an der Rathenower Straße/Ecke Walther-Rathenau-Platz mit dem 28 m hohen *Rathenower Turm* und einem Stadtmauerrest ein weiteres Überbleibsel der Stadtbefestigung zu sehen. Über die Sänger- und die Bergstraße sowie die Straße »Am Mariengrund« erreichen wir den schönen Park (»der Kultur und Erholung«) am 69 m hohen Marienberg. Die 32 m hohe *Friedenswarte* lädt von ihren Plattformen zur Aussicht über Stadt und Land ein. Zu Füßen des Marienbergs befand sich der Ursprung der Stadt, die slawische Festung Brennabor (daher der Name Brandenburg).

Doch zurück und zum Zentrum der Altstadt, wo am *Altstädter Markt,* östlich der Wallpromenade und unterhalb des

Im Mittelpunkt der Brandenburger Dominsel steht der Dom St. Peter und Paul, hier von der Straße Domlinden/Ecke Burgweg aus fotografiert.

Marienbergs, nur drei Häuserblöcke von der Gotthardtkirche entfernt, das *Altstädter Rathaus* steht. Dieser schöne, einer Kirche ähnliche spätgotische Backsteinbau aus dem Jahre 1470 gilt als wichtigstes weltliches Bauwerk seiner Art in der nördlichen Ex-DDR. Davor befindet sich eine 5,3 m hohe *Roland-Figur* aus Sandstein. Sie stand ursprünglich vor dem Rathaus der Neustadt, wurde aber nach dessen Zerstörung im Krieg 1946 hier aufgestellt. Im Rathaus befindet sich das Restaurant »Ratskeller«.

Ein hübscher Winkel beim Altstädter Rathaus: In der Mitte ist die Roland-Figur zu sehen — Ausdruck besonderer Gerichts-, Münz- und Handelsrechte.

Wir gehen nun die Plauer Straße, in der noch ein Jugendstil-Wohnhaus mit beachtenswerter Außen- und Innenarchitektur steht (Nr. 6), entlang, um dann nach links in die von mehreren Straßenbahnlinien befahrene Hauptstraße abzubiegen. Bald überqueren wir auf der *Jahrtausendbrücke* die Havel, auf der hier die Schiffsstrecke entlangführt. Trotz ihres Namens stammt die Brücke erst aus dem Jahr 1928, doch wird damit an den alten Havelübergang erinnert. Es lohnt sich, noch ein Stück hinter der Brücke nach rechts auf das Heinrich-Heine-Ufer zu gehen. Gegenüber liegt die Ruine der

Ein Blick auf die im Krieg unzerstört gebliebene Hauptstraße an der Jahrtausendbrücke. Auch Brandenburg ist noch eine echte »Straßenbahnstadt«.

ehemaligen *Klosterkirche St. Johannis* – wie vieles in Brandenburg ein Opfer der der hiesigen Rüstungsindustrie im Zweiten Weltkrieg geltenden Bombenangriffe. Hinzu kamen schwere Kampfhandlungen Ende April 1945. Nicht vergessen werden dürfen die zuvor unter den Nazis im Zuchthaus Brandenburg-Görden durchgeführten zahlreichen Hinrichtungen politischer Gegner und die Euthanasie-Morde an über 9700 Insassen von Heilanstalten.

Wer will, kann auf der Hauptstraße noch im barocken *Frey-Haus* (Hausnummer 96) das *Heimatmuseum* mit Dokumenten zur Stadtgeschichte und einer graphischen Sammlung europäischer Künstler vom 16. bis zum 19. Jahrhundert besuchen. Der Weg zu den Parkplätzen führt nun geradeaus über die zur Fußgängerzone ausgebaute Hauptstraße zum Neustädter Markt.

Es lohnt sich sehr, von Brandenburg eine *Schiffstour* auf dem westlich der Stadt gelegenen weiten Seengebiet mit *Breitling-* und *Plauer See* zu unternehmen. Die Abfahrtsstelle liegt unterhalb der Jahrtausendbrücke am Salzhof.

Aber auch schon die Fahrt mit dem Schiff von Potsdam oder Berlin nach Brandenburg ist ein Erlebnis, denn weit mehr als die Autofahrt über die Straße 1 erschließt sich vom Schiff aus die an Seen und Inseln reiche Flußlandschaft der Havel.

Die Fahrt geht von Werder (bis dahin s. Seite 133) aus über den *Großen Zernsee* weiter und dann unter der Autobahn A10, einem Teil des Berliner Ringes, hindurch. Der dann rechts zu sehende Ort ALT TÖPLITZ liegt auf einer großen, schon in der Frühzeit besiedelten Insel. Auch PHÖBEN (links) ist ein uralter Ort, an dem schon vor über 1000 Jahren die Slawen sich niedergelassen hatten. Seine Einwohner übten seit dem frühen 17. Jahrhundert ihr Fischerrecht auf den Havelgewässern aus. Im anschließend erreichten *Göttinsee* laufen der Havel-kanal, von Falkensee kommend, und der Sacrow-Paretzer-

Kanal aus dem Norden von Potsdam zusammen, und damit beginnt auf unserer Fahrstrecke ein regerer Verkehr.

An diesem Zusammenfluß, an dem die Schiffe der »10-Seen-Rundfahrt« um Potsdam nach Osten abbiegen, liegt am rechten Ufer der kleine Ort PARETZ. Er gehört zur Fischerstadt KETZIN und ist Endstation von Ausflügen mit dem Schiff (im Sommer mittwochs 8 Uhr ab Potsdam und täglich 11 Uhr ab Berlin-Wannsee S-Bahnhof). Nach dem Ersten Weltkrieg wurde Paretz auch als ein »Wallfahrtsort für treue deutsche Herzen« bezeichnet: Friedrich Wilhelm III. hatte den Ort seiner schönen, aber unglücklichen Frau Luise zum Geschenk gemacht. Sie wohnte sehr gerne im Gutshaus, einem einfachen Schloß, das nach dem Krieg durch Baumaßnahmen ziemlich verunstaltet worden ist. Einkehren kann man in der Gaststätte »Gotisches Haus«, einer ehemaligen Schmiede (montags und dienstags leider geschlossen).

Weiter auf ihrem Weg nach Brandenburg windet sich die nun schmalere Havel an vielen Inseln vorbei, um im weiten Bogen, nördlich die Dominsel umfahrend, an der Jahrtausendbrücke anzukommen.

Auf der Rückfahrt mit dem Auto von Brandenburg nach Potsdam oder Berlin lohnt sich ein Abstecher zum KLOSTER LEHNIN. Es ist im gleichnamigen Ort südlich der Autobahn A2 (Ausfahrt Lehnin) gelegen. Auf der Landstraße erreicht man es von Brandenburg über die Fernstraße 102, von der man noch vor der Brandenburger Autobahnauffahrt im Ort Peterdamm nach links abbiegt. Parallel zur A2 fährt man durch mehrere Dörfer, unterquert dann die Autobahn und erreicht das kleine Kundschaftsschutzgebiet um Lehnin mit immerhin acht Seen.

Früher gehörten allerdings neben 64 Dörfern insgesamt 54 Seen zum reichen Lehniner Kloster. Das im Ort gelegene Kloster wurde 1183 vom Markgrafen Otto I. als erstes Zister-

Das Kloster Lehnin — hier eine Abendstimmung an der Kirche — ist ein beliebtes Ausflugsziel zwischen Werder und Brandenburg. Es liegt unweit der gleichnamigen Autobahnausfahrt der A 2 (Strecke Magdeburg—Berlin).

zienserkloster in der Mark Brandenburg gegründet. Die romanisch-frühgotische *Klosterkirche St. Marien* ist einer der ältesten Backsteinbauten im nördlichen Deutschland. Von hier aus hatte der Zisterzienserorden beginnend, slawisches Land zu kolonialisieren. Die noch erhaltenen, gegen Ende des vorigen Jahrhunderts restaurierten Gebäude bilden »eine Stadt im Kleinen«. Dazu gehören unter anderem die Klausur und das Königshaus. Im Klostergarten spenden 400jährige Eichenbäume Schatten.

Geographisches Register
mit wichtigen Sehenswürdigkeiten

Straßen- und Gebäudenamen usw. beziehen sich grundsätzlich auf Potsdam, ausgenommen die unter anderen Ortsnamen eingerückten. In Großbuchstaben geschriebene Namen sind Orte und Sehenswürdigkeiten außerhalb von Potsdam.